o livro dos SANTOS

Noemí Marcos Alba

Tradução: Ricardo Kowalczuk de Almeida

Textos: Noemí Marcos Alba
Edição e Capa: equipe editorial LIBSA
Diagramação: Pilar Bermejo e equipe LIBSA
Documentação e Fotografias: arquivo LIBSA

Gerente Editorial: Jiro Takahashi
Editora: Luciana Paixão
Editor assistente: Thiago Mlaker
Assistente editorial: Diego de Kerchove
Revisão: Cecília Mandarás e Ivan Souvarin
Assitente de criação: Marcos Gubiotti

CIP-BRASIL. CATALOGAÇÃO-NA-FONTE
SINDICATO NACIONAL DOS EDITORES DE LIVROS, RJ

M276L

Marcos Alba, Noemí
O livro dos santos / Noemí Marcos Alba ; tradução de Ricardo Kowalczuk de Almeida. - São Paulo : Prumo, 2011.

Tradução de: El libro de los santos
ISBN 978-85-7927-154-0

1. Santos cristãos - Biografia. 2. Santos cristãos - Livros de oração e devoções. I. Título.

11-5235.

CDD: 922.22
CDU: 929:27-36

Direitos de edição: Editora Prumo Ltda.
Rua Júlio Diniz, 56 – 5º andar – São Paulo/SP – CEP: 04547-090
Tel.: (11) 3729-0244 – Fax: (11) 3045-4100
E-mail: contato@editoraprumo.com.br Site: www.editoraprumo.com.br

Apresentação

A história da Igreja é, em grande parte, construída por homens e mulheres que abraçaram a fé com determinação heroica, convertendo-se em exemplos, pois procuraram viver segundo os ensinamentos de Jesus Cristo. Por Ele, a vida dos santos tornou-se para nós um modelo a seguir. Lembrando-se de que a sua história aponta a qualquer pessoa, seja ou não cristã, o caminho que nos leva à coerência, à paz interior, ao altruísmo, à bondade, a encontrar no próximo um irmão e a sacrificar-se e lutar por aquele em quem se crê. De acordo com São Paulo, ser santo é alcançar o pleno amadurecimento, a completa realização, e a ele caberia acrescentar a felicidade, concebida como bem-aventurança eterna, a realizar-se plenamente após a vida terrena. Para os cristãos, o conhecimento do modo de viver dos santos, marcando a passagem deles pela Terra, tem imensa importância, porque traz um significado de fé e de amor a Deus. Revela-se como real sentido à vida, gerando uma grande força moral, e confirma o valor daqueles que hoje estão nos altares. A profunda crença em Deus e na Palavra divina foi o impulso para que muitos aceitassem o merecido martírio. Sofrimento inenarrável que souberam suportar com firmeza, compreendendo que, depois das alegrias e penúrias desta vida, a alma espera uma existência eterna e plena de gozo diante do Senhor.

Nos primeiros séculos do cristianismo, era o povo que, ao reconhecer virtudes em alguns homens e mulheres, proclamava-os santos e rendiam-lhes culto, considerando-os intercessores diante de Deus ou da Virgem. Mais tarde, coube aos bispos esse reconhecimento e designação. Muitos daqueles eram pessoas de suas próprias dioceses que souberam dar provas excepcionais das virtudes cristãs. Para assinalar esse reconhecimento, dedicava-lhes um dia festivo.

No final do século X, o sistema mudou por completo; a canonização de uma pessoa converteu-se em um processo minuciosamente analisado pelos clérigos competentes. O primeiro homem que foi canonizado desta forma foi Ulrico de Augsburgo e a primeira mulher, Santa Wiborada. No ano de 1234, a Igreja decidiu que a canonização era um direito exclusivo do papado. Em 2 de janeiro de 1588, o papa Sisto V criou a Sagrada Congregação dos Ritos, instituição destinada a regular o exercício do culto divino e a estudar a vida e obra daqueles que seriam postulados para a beatificação e, posteriormente, a canonização.

Por meio da Constituição Apostólica Sacra Rituum Congregatio de 8 de maio de 1969, o papa Paulo VI dividiu a Congregação dos Ritos, dando lugar a duas congregações diferentes: uma destinada ao "Culto Divino" e a outra, à "Causa dos Santos". A beatificação de uma pessoa requer o exemplo de vida que possa ter tido e a realização de um milagre. Entretanto, este segundo requisito não é indispensável, caso tenha sofrido o martírio. Após a beatificação, espera-se outro milagre atribuído à intercessão desse beato diante de Deus. Se esse milagre se concretizar, pode-se proceder ao processo de canonização, que o proclamará santo.

Neste livro, são apresentadas pessoas que se destacaram pelas suas virtudes cristãs, pelos seus feitos excepcionais, assim como o grande patriarca Abraão. Não são exatamente santos, porque não havia canonização antes da Era Cristã, período em que nasceram. Mas estão confirmadas como modelos de santidade para a cristandade e toda a humanidade em geral.

Os primeiros santos foram os doze apóstolos, pois foram os primeiros a seguir os ensinamentos de Jesus.

Esta obra tem como objetivo mostrar a maior variedade de ações que levam à santidade, a fim de salientar que para alcançá-la a dedicação em um mosteiro como sacerdote não é uma condição imprescíndivel. Muitos laicos estão merecidamente nos altares, porque tiveram uma vida de fé, no amor de Deus, e porque há evidências de que foram milagrosos. Também são apresentadas vidas de alguns santos de vida dissoluta, contudo tiveram sua vida santificada, pois nunca é tarde demais para começar o caminho que conduz à santidade, ao se arrependerem e adentrarem as portas sempre abertas da Igreja. Há santos que não levaram uma vida de ascetismo ou restrições, como alguns reis e rainhas, e agora estão nos altares por terem escolhido o caminho certo, sem abandonar suas posições.

Operando milagres e sendo intercessores válidos ante o Senhor, muitos dos santos estendem seu manto protetor sobre diferentes profissões, diversos países ou cidades, ou sobre aqueles que vivem situações particularmente dolorosas, como é o caso de alguma doença. Assim, apresentamos nesta obra cada um desses casos: o dia de festa, o patrocínio que a tradição ou a Igreja atribuiu a cada santo, bem como as orações especiais para cada um deles, a fim de que os fiéis possam rogar-lhes ou os adorar, além de uma pequena biografia que procura divulgar o exemplo de homens e mulheres que alcançaram a santidade. Acreditamos que, por intermédio da leitura, todos possam encontrar as chaves que permitem uma aproximação com Deus e estabelecer um compromisso de fé.

Santo Antão Abade

Padroeiro dos camponeses e dos animais
Dia 17 de janeiro

Santo Antão Abade nasceu no Alto Egito por volta do ano de 250. Sendo ainda muito jovem sentiu o chamado de Jesus Cristo no dia em que participava de uma missa: "Se queres ser perfeito, vende tudo que tens e dá o dinheiro aos pobres". Seguindo este conselho, após a morte de seus pais, despojou-se de todos os seus pertences. Entregou sua irmã aos cuidados das virgens consagradas e começou sua vida como eremita. Ainda que vivendo no deserto soube harmonizar o retiro espiritual com o cuidado aos doentes e os perseguidos, brindando-os com sua ajuda. Seus milagres foram incontáveis. A tradição conta que certa vez uma fêmea de javali cega mostrou-lhe seus filhotes desamparados. Santo Antão, sempre compassivo diante do sofrimento de todo ser vivo, devolveu-lhe a visão. A partir desse momento todos os animais passaram a segui-lo. Faleceu com 105 anos, próximo ao mar Vermelho, no monte Colzim. Seus feitos foram narrados nos Apoftegmas do deserto.

Oração

Senhor, rogo-Te pela intercessão de Santo Antão Abade, tem piedade dos homens que, por ignorância, maltratam os animais. Senhor, tem piedade dos animais domésticos que são entregues sem defesa à crueldade humana. Senhor, tem piedade do leão, do tigre, do macaco, do elefante e de outras espécies de animais que são capturadas para serem levados aos circos e zoológicos; dá a todos eles um lugar seguro em seu habitat. Senhor, tem piedade dos animais de granja que crescem dentro de cercados e também daqueles animais que são levados ao matadouro; socorrei-os em sua dor. Senhor, tem piedade. Amém.

São Sebastião

Padroeiro dos arqueiros e dos soldados
Dia 20 de janeiro

São Sebastião nasceu em Narbona, França, no ano de 256. Ainda criança mudou-se com sua família para Milão, onde ingressou no exército romano de Maximiano. Lá exerceu a função de capitão da Primeira Corte da Guarda Pretoriana. O exército romano era pagão e perseguia os cristãos, mas isso não impediu que Sebastião ajudasse os cristãos que sofriam perseguição. Fiel a Jesus Cristo, nunca venerou outro homem nem divindade, porém, depois de vários anos ocultando sua consagração, foi delatado por um apóstata zeloso de sua posição. Entretanto, Sebastião teve a coragem de proclamar-se cristão diante do imperador Maximiano que o condenou à morte.

Suportou o martírio com integridade. Seu corpo foi atravessado com dezenas de flechas e logo foi abandonado, já sendo considerado morto. Uma dama romana chamada Irene mandou recolher o corpo para ser sepultado, mas seus empregados comprovaram que Sebastião ainda vivia. Uma vez recobrada a saúde, o santo se apresentou diante do imperador para reprovar suas ações contra os fiéis de Cristo. Novamente foi aprisionado e, desta vez, foi espancado até morrer. O povo pagão jogou seu corpo em uma fossa para evitar que os fiéis cristãos o enterrassem dignamente. Entretanto, São Sebastião apareceu em sonhos a Lucina, uma mulher muito piedosa, para indicar-lhe o seu paradeiro e pedir que ela o enterrasse nas catacumbas da Via Apia.

A ele são atribuídos milagres ocorridos contra as pestes. O primeiro aconteceu quando Roma foi assolada por uma grande epidemia. Bastou erguer-se um altar dedicado a ele para que, milagrosamente, interrompessem o surgimento de novos casos.

Oração

Deus e Senhor, que a vosso mártir São Sebastião fortificastes na fé e que por nenhuma promessa carnal, ameaças, tormentos ou flechas dela pôde ser separado; humildemente Vos rogamos que, por seus dignos merecimentos, em nossas tribulações tenhamos ajuda e, em nossas perseguições, consolação. Amém.

Santa Inês

Padroeira das noivas e dos jardineiros
Dia 21 de janeiro

Santa Inês nasceu em Roma no final do século III, no seio de uma família nobre. Era muito bela e tinha numerosos pretendentes, mas só desejava servir o Senhor. Quando o filho do prefeito de Roma a pediu em casamento, a menina não aceitou alegando que já se prometera a Jesus Cristo. Sentindo-se ofendido o jovem a acusou de ser cristã e mandou prendê-la. Diante do juiz, Inês foi sentenciada a passar sua vida em um prostíbulo, mas, graças à ajuda divina, seu corpo permaneceu intocado. O único homem que tentou ter relações sexuais com ela ficou cego. Segundo as atas de seu martírio, ela foi obrigada a expor-se nua diante do povo e milagrosamente seus cabelos cresceram até cobrirem todo o seu corpo.

Após ser condenada à morte, numa última tentativa de enfraquecer sua fé, o carrasco ordenou que ela a renegasse, mas a jovem respondeu: "Injúria seria para o meu esposo que eu pretendesse agradar a outro. Entregar-me-ei àquele que primeiramente me elegeu. Que esperas carrasco? Pereça este corpo que pode ser amado pelos olhos que detesto". Inês, com 12 anos de idade, ofereceu a sua cabeça ao carrasco. Conta-se que seu corpo era tão pequeno que foi impossível amarrá-lo ao tronco, contudo ela não opôs nenhuma resistência, tão animada estava por sua fé em Deus. Depois de sua morte, uma amiga e irmã de leite chamada Emerenciana foi rezar em seu túmulo. Os romanos se aproximaram dela e a menina os repreendeu por terem matado Inês. A multidão enfurecida matou-a a pedradas. Sua imolação converteu Inês em mártir das virgens. No seu dia, benzem-se cordeiros dedicados à santa, e com sua lã tece-se o pálio arcebispal.

Oração

Deus amado, Pai amoroso, Tu que eleges os mais débeis diante do mundo com o propósito de confundir os fortes, concede-me a graça de ser como a tua serva Santa Inês, fiel ao amor de Teu Filho Jesus, que morreu por nós na Cruz. Que eu seja sempre fiel no muito e no pouco, na alegria e na tristeza, no estudo e na diversão. Faze que pela intercessão de Tua mártir Santa Inês e sob o amparo da Virgem Maria, eu possa manter-me afastado do pecado. Amém.

Santo Ildefonso

Padroeiro de Toledo
Dia 23 de janeiro

No começo do século VII, Toledo, capital da Espanha visigoda, deu à luz um homem que se destacou por sua elevada fé cristã: Santo Ildefonso. Ainda adolescente fugiu das riquezas de sua família e educou-se com seu tio, o poeta Santo Eugênio. Estudou humanidades e Filosofia em Sevilha com Santo Isidro e, posteriormente, retirou-se ao mosteiro de Agalia para se dedicar ao estudo de Deus. Sua trajetória eclesiástica foi notável. Em pouco tempo foi eleito abade, em seguida diácono e, finalmente, assumiu o cargo de arcebispo de Toledo.

Os títulos e reconhecimentos como padre da Igreja que lhe foram atribuídos são fruto de suas obras literárias, sua colaboração nos concílios de Toledo e seu fervoroso respeito em relação aos assuntos referentes a Deus. Foi um grande devoto da Virgem Maria a quem defendeu da igreja joviniana que não reconhecia a sua pureza. Seus escritos deram início a Teologia mariana espanhola. Próximo ao ano de sua morte, em 669, teve a honra de ver a Virgem que, reconhecedora de sua dedicação espiritual, presenteou-lhe com uma casula da parte de seu filho Jesus Cristo.

Oração

Deus Todo-Poderoso, que fizeste de Santo Ildefonso insigne defensor da virgindade de Maria, concede aos que creem neste privilégio da Mãe de Teu Filho sentirem-se amparados por sua poderosa e materna intercessão. Por nosso Senhor Jesus Cristo. Amém.

Santo Tomás de Aquino

Doutor da Igreja e padroeiro das universidades
Dia 28 de janeiro

Santo Tomás de Aquino, filho do conde de Aquino, nasceu em 1225, na localidade italiana de Roccasecca. Após obter formação beneditina, ingressou, mesmo contra a vontade de sua mãe, na Ordem Mendicante dos Padres Dominicanos. Entretanto, sua mãe conseguiu mantê-lo aprisionado no castelo. Em 1245, mudou-se para Paris onde cursou Teologia na universidade com Santo Alberto Magno, filósofo escolástico e dominicano que, referindo-se a Tomás, previu diante de seus companheiros que "aquele touro um dia encheria o mundo com seu bramido". Depois de viajar com seu professor e ordenar-se sacerdote, escreveu obras essenciais do pensamento humano na própria universidade, onde se doutorou e ingressou como professor de Teologia.

Os ensinamentos de Santo Tomás de Aquino sobre os assuntos teológicos mais controvertidos de seu tempo resplandeceram ainda mais a partir 1260 até sua morte, em 1274. Plebeus e papas pediam conselhos a ele pelo seu amplo conhecimento universal e sua rigorosa interpretação dos conceitos. Deu conferências e aulas e escreveu obras fundamentais para a evolução intelectual: conseguiu fazer coincidir a filosofia aristotélica (a razão) com a Palavra de Deus (a fé).

Dentre seus escritos, que são de um valor incomensurável para a Idade Moderna, destacam-se a *Summa contra Gentile* e a *Summa Theologiae*, descrita esta última em uma obra de Alfred G. Mortimer como "o esquema mais simples e perfeito da Teologia universal". A doutrina implantada por ele, conhecida como tomismo, é a mais importante e divulgada entre os estudiosos de diversas ordens. Em 1323, foi canonizado pelo papa João XXII, e seu corpo foi entregue aos seus irmãos dominicanos de Toulouse em 1369. Recebeu em 1563 o título de Doutor da Igreja.

Oração

Angélico doutor Santo Tomás, glória imortal da religião, firmíssima coluna da Igreja, homem santo e sábio; pelos admiráveis exemplos de tua inocente vida foste elevado ao cume de uma perfeição consumada e, com teus prodigiosos escritos, és ainda hoje o martelo dos hereges, a luz dos professores e um milagre de sabedoria. Quem saberá igualar, como tu, a doutrina com a modéstia e a alta inteligência com a profunda humildade? Amém.

São Pedro Nolasco

Fundador da Ordem da Mãe de Deus das Mercês
Dia 29 de janeiro

São Pedro Nolasco nasceu em Barcelona, Espanha, em 1189 e, desde muito jovem, confiou-se à virgem de Montserrat. Tornou-se comerciante a fim de empregar sua fortuna no resgate dos cristãos perseguidos pelos mulçumanos, e formou um grupo de comerciantes redentores que salvou muitos homens de seu trágico destino. Percebendo que o dinheiro acabava, criou uma confraria para recolher doações, mas as arrecadações não foram suficientes. Diante do que considerou um fracasso, entrou em uma etapa de discernimento espiritual e pensou em retirar-se para a vida monástica ou partir para o deserto, mas, depois de decidir-se, a Virgem manifestou-se-lhe na noite de 1º para 2 de agosto de 1218 pedindo-lhe que formasse uma ordem redentora.

No dia 10 deste mesmo mês, fundou a Ordem Redentora da Mãe de Deus das Mercês. A ordem fazia expedições para resgatar os cativos na África. Pedro foi nomeado Superior Geral da Ordem, vindo a falecer na segunda metade do século XIII. Foi canonizado em 1628.

Oração

Oh, Senhor, que revestistes nosso pai São Pedro Nolasco com a caridade de Cristo e, por meio da Virgem Maria, o fizestes mensageiro de amor e de liberdade para os cristãos cativos, concedei-nos imitar seus exemplos para libertação de todos os oprimidos e a edificação de vossa Igreja. Amém.

São Lesmes

Patrono de Burgos (Espanha)
Dia 30 de janeiro

São Lesmes nasceu em 1035, em Loudun, França, onde foi batizado com o nome de Alleaume. Após o falecimento de seus pais, deixou o exército do rei da França para se dedicar ao serviço de nosso Senhor. Repartiu seus bens entre os mais pobres e partiu em peregrinação para Roma. Após seu regresso entregou-se à vida contemplativa no mosteiro beneditino de Casa Dei, onde se tornou abade.

A fama de santidade que alcançou chegou até a casa real do reinado de Castela e Leão. A rainha Constança de Borgonha, cuja origem também era francesa, pediu ao religioso que lhe desse apoio e a seus súditos. No reino hispânico o nome de Alleaume sofreu mudanças até se converter no nome pelo qual é conhecido nos dias de hoje. Sua valorosa ajuda na corte conduziu o exército castelhano à conquista de Toledo, onde mudou a liturgia moçárabe pela latina.

Entre seus trabalhos estão a mudança do curso de rios para evitar a peste, a organização de hospitais e a fundação do mosteiro beneditino de São João Evangelista, em Burgos. Em 1907, São Lesmes entrou definitivamente no Reino dos Céus.

Oração

Senhor, pela intercessão de São Lesmes, o protetor do povo contra as pestes e as enfermidades do espírito, perdoai-me de todas as minhas ofensas e curai-me de todos os ressentimentos que eu possa ter contraído com minha ignorância. Livrai-nos do mal. Amém.

São Brás

Bispo e mártir, protetor contra as enfermidades da garganta
Dia 3 de fevereiro

São Brás nasceu na segunda metade do século III, na Turquia. Sua capacidade para curar os enfermos lhe outorgou grande popularidade, e foi eleito bispo. Sem deixar seu cargo episcopal, instalou-se em uma gruta do monte Argeu e ali levantou sua sede episcopal. Viveu em intensa comunhão com a natureza e entregue à oração. O prefeito de Capadócia, chamado Agrícola, enviou os seus criados para perseguir São Brás. Quando eles chegaram viram-no rodeado de feras selvagens que guardavam o santo com o máximo respeito. Seus biógrafos afirmam que o santo procurou sempre dar alívio não somente às dores dos homens, mas, também, às dos animais.

São Brás foi aprisionado e obrigado a renegar a sua fé, contudo ele dedicou-se a curar muitos cristãos que eram seus companheiros de prisão. Finalmente, o governador decretou sua morte. Foi jogado em um lago, mas, milagrosamente, elevou-se sobre as águas e caminhou sobre elas. Convidou seus amigos a imitá-lo invocando seus deuses pagãos e estes, depois de tentarem, afogaram-se. Os carrascos feriram seu corpo com pentes de tosquiar lã, por isso São Brás é considerado patrono dos tosquiadores. Por último foi decapitado.

Foi um santo muito popular na Idade Média e em muitos lugares; no dia de sua festa, os fiéis dirigem-se à igreja com duas velas em forma de cruz para que sejam abençoadas. Com elas tocam a garganta com a finalidade de evitar as infecções. Enquanto se encontrava preso, levaram-lhe um menino que estava prestes a morrer asfixiado, porque estava com uma espinha atravessada na garganta. Bastou o contato de suas mãos para que, milagrosamente, a espinha se desprendesse e o pequeno se curasse.

Oração

Faze penitência e, a fim de que esta penitência seja-te mais útil, busca a solidão a exemplo de São Brás. Evita as ocasiões que te recordem das tuas ofensas a Deus, e que as mesmas causas não venham a provocar os mesmos efeitos. Amém.

Santa Águeda

Patrona das mulheres e dos danos causados pelo fogo
Dia 5 de fevereiro

Santa Águeda nasceu em meados do século III, na Catânia, Sicília. Cristã desde o berço desejava manter sua castidade, mas sofreu o infortúnio de chamar a atenção do senador Quintiano, o qual, diante de sua recusa, castigou-a com o martírio. Quintiano arrastou-a até uma casa de prostituição para destruir sua reputação de santidade, mas Águeda, ajudada por Deus, saiu livre do pecado. Então, o senador arrancou-lhe os seios com tenazes, mas um anjo devolveu-lhes a forma natural. Foi conduzida à fogueira, onde morreu dando graças a Deus por acolhê-la em seu seio.

Um ano depois de sua morte, o vulcão Etna entrou em erupção e os habitantes saíram em procissão com suas relíquias para que a santa os salvassem do perigo. A lava se deteve, outorgando a santa o título de protetora contra os danos causados pelo fogo.

Oração

Senhor, meu Criador, desde o berço me protegeste sempre, me apartaste do mal do mundo e me deste paciência para sofrer; por favor, recebe esta oração como prova de resignação e esperança e escuta minha súplica. Oh, Deus, que entre outras maravilhas de Teu poder soubeste dar forças até ao sexo mais frágil para conseguir a vitória do martírio, concede-nos a graça de que, celebrando a vitória de Tua virgem e mártir Santa Águeda, caminhemos até Ti pela imitação de seus exemplos. Faze que conservemos a integridade como bons cristãos diante das difíceis provas. Por Jesus Cristo, nosso Senhor. Amém.

São João da Mata

Fundador da Ordem da Santíssima Trindade
Dia 8 de fevereiro

São João da Mata nasceu em meados do século XII, no sudeste da França, que naquela época pertencia ao reino de Aragão. Quando ainda muito jovem sua mãe o levava aos hospitais e às prisões, educando-o segundo a moral cristã. A posição social de sua família permitiu-lhe realizar seus estudos teológicos em uma universidade parisiense. Lá iniciou uma carreira motivada pela luta contra a Guerra Santa muçulmana.

Celebrou a sua primeira missa no dia 28 de janeiro de 1193 e pediu a Deus que o guiasse na escolha de uma ordem religiosa onde ingressar. Nesse instante, o Senhor mostrou-lhe em cima das palmas de suas mãos um homem negro e outro branco, ambos acorrentados. O santo interpretou que Deus indicava que ele deveria fundar uma ordem religiosa onde se cuidasse da redenção dos cativos. Guiado por sua devoção, e apoiado por outros eremitas, fundou a Ordem da Santíssima Trindade.

Em 1198, viajou a Roma e obteve a aprovação do papa para a Regra de sua ordem. Até o dia de sua morte, em 17 de dezembro de 1213, São João da Mata dirigiu a Ordem em favor dos cativos e dos enfermos. Durante sua primeira missão redentora, transportou os cristãos cativos no deserto do Magrebe para Marselha, França, e fundou casas na Espanha para ajudar os cristãos vítimas da invasão muçulmana. Os membros da Ordem receberam o nome de "apóstolos da redenção". Após sua morte, os Irmãos da Santíssima Trindade continuaram seu trabalho libertando da prisão os cristãos cativos. Entre esses se encontrava Miguel de Cervantes, liberto por frei Juan Gil das masmorras de Argel em 1580.

Oração

Pai misericordioso, que inspirastes a São João da Mata a fundação da Ordem da Santíssima Trindade para a redenção dos cativos, derramai sobre nós, por sua intercessão, a graça de sentirmos a vossa presença em nossas vidas para que, livres da escravidão, possamos trabalhar eficazmente na libertação dos cativos. Amém.

Santa Apolônia

Mártir e patrona dos dentistas
Dia 9 de fevereiro

Santa Apolônia nasceu no século III, em Alexandria, Egito, onde se uniu a um grupo de virgens consagradas para praticar fielmente o cristianismo. Ela alcançou um cargo relativamente alto dentro da hierarquia eclesiástica, tendo acesso às traduções dos textos sagrados e pregando a palavra de Deus durante três décadas. Mas sua devoção e sua brilhante oratória despertaram o ódio dos pagãos que, no ano de 249, sentenciaram-na à morte.

O martírio de Santa Apolônia provocou graves críticas entre os cristãos, porque depois de ter seus dentes destroçados com uma pedra, a santa lançou-se em uma fogueira. Muitos consideraram o ato como um suicídio, mas outro grupo, defensor da santa, apaziguou os ânimos depois de expor os trabalhos que ela realizara em favor do cristianismo. O papa Marcelino canonizou Apolônia no ano de 299. Mais tarde, Santo Agostinho explicou que a santa agiu desse modo obedecendo a um sinal do Espírito Santo.

Oração

Santa Apolônia, intercede por nós, para que não cedamos ao paganismo atual que nos arrasta e que nos seduz. Que teu exemplo e o dos outros mártires nos deem forças para sermos fiéis a nosso Senhor Jesus Cristo. Peço-te que me protejas diante dos descrentes da palavra de nosso Senhor Jesus Cristo, que me guies neste mundo ateu para que eu não me perca na obscuridade. Aproxima do conhecimento divino as pessoas pecadoras e, por favor, conduze-me à verdadeira felicidade que somente o Senhor dos Céus pode dar. Amém.

Oração

Bendita Santa Apolônia que por sua virgindade e martírio mereceste do Senhor ser instituída advogada contra dor de dente e gengivas. Te suplicamos fervorosos que interceda com Deus das misericórdias para que esta criatura fique completamente curada. Amém.

Santa Escolástica

Patrona das monjas beneditinas
Dia 10 de fevereiro

Santa Escolástica nasceu no ano de 480, em Núrsia, Itália. Seguindo o exemplo de seu irmão, São Bento, fundador da primeira ordem monástica no Ocidente, fundou seu próprio convento de monjas aos pés do monte Cassino, junto do mosteiro levantado por seu irmão. Todos os anos ambos se reuniam em uma casa de confiança para comentar temas espirituais e orar juntos.

Na primeira quinta-feira da Quaresma de 545, depois de passarem a tarde reunidos, Escolástica intuiu que essa seria a última vez que se veriam em vida e pediu ao seu irmão que prolongassem a reunião até o amanhecer. São Bento recusou o pedido porque ia contra a regra, mas, então, desencadeou-se tal tormenta que se viram obrigados a permanecer na casa e ali passaram a noite. Três dias depois, São Bento avistou uma pomba branca no céu e compreendeu que sua irmã falecera. Enterrou-a naquele que haveria de ser seu próprio túmulo e, três anos depois, também faleceu.

Oração

Senhor Todo-Poderoso e Bem-aventurado: Te louvamos e bendizemos com São Bento e Santa Escolástica pelo diálogo de Teu amor, ternura que nos mostra o caminho pascal; vitória do amor que é mais forte, escola de vida para todos. Contempla teus filhos, reunidos em teu nome revivem e cantam façanhas de Teu amor: as Bem-aventuranças de seguir-Te e amar-Te. Paixão por Deus e paixão pelo homem, a samaritana e o samaritano do amor do Pai, amor do Filho e amor do Espírito Santo. Amém.

São Valentim

Patrono dos namorados
Dia 14 de fevereiro

São Valentim respondeu à convocação do perseguidor Cláudio II e discutiu com ele sobre a doutrina cristã. Nessa ocasião, disse-lhe : "Se conhecêsseis, senhor, o dom de Deus, e quem é Aquele a quem eu adoro, eu vos consideraria feliz em reconhecerdes a tão soberano dono e, renunciando ao culto dos falsos deuses, adoraríeis comigo o único Deus verdadeiro".

O governador não gostou das palavras de Valentim e ordenou que fosse julgado pelo tribunal. Ao término do julgamento, Valentim disse as seguintes palavras: "Jesus Cristo é a única e verdadeira luz que ilumina a todo homem que vem a este mundo". O juiz que conduzira seu julgamento tinha uma filha cega, ao ouvir suas palavras levantou-se e desafiou-o dizendo que, se Jesus Cristo era a luz do mundo, que iluminasse a vista de sua filha e que, caso o prodígio se produzisse, não somente o salvaria de sofrer o castigo por blasfêmia, mas também se converteria ao cristianismo. Os soldados trouxeram a criança diante de Valentim e este, colocando um crucifixo diante dela, implorou a Deus que devolvesse sua vista. Imediatamente a criança cega ficou curada e, emocionada, correu e lançou-se nos braços de seu pai. Diante do milagre todos os presentes se jogaram aos pés de Valentim e pediram a conversão. O Imperador viu-se diante de uma difícil situação: caso salvasse a vida de Valentim temia ser considerado cristão; por outro lado, não poderia executá-lo, pois o juiz pusera como condição para salvá-lo do castigo, algo impossível que se tornara realidade. Resolveu, então, encarcerá-lo e prosseguir com a sentença. Na prisão, Valentim sofreu torturas até ser degolado em 14 de fevereiro.

Oração

Glorioso mártir São Valentim, coberto de bênçãos, poderoso nas palavras e nas obras, suplico-te que infundas em minha alma aversão à vaidade e aos falsos prazeres do mundo, inculques pureza em meus sentimentos e infundas o espírito de penitência para que eu chegue a compreender os sofrimentos redentores de nosso Salvador. Amém.

Santa Walburga

Abadessa e patrona contra as tormentas
Dia 25 de fevereiro

Santa Walburga nasceu por volta do ano de 710 em Wessex, um dos sete reinos da antiga Inglaterra saxã. Sua família era rica em posses e em santidade. Seu pai, São Ricardo, o Saxão, empreendeu uma viagem à cidade santa, Roma, com seus filhos, Wilibaldo e Wilnibaldo, e deixou sua filha Walburga na abadia de Wimborne, um mosteiro beneditino fundado por São Bonifácio. Dentro de seus muros, Walburga foi instruída com métodos severos durante mais de vinte anos. Esta educação permitiu-lhe escrever um livro em latim sobre a vida de seu irmão São Winibaldo e outro sobre as viagens para o Oriente Médio que havia realizado com ele, convertendo-se, assim, na primeira escritora da Inglaterra e da Alemanha. Em 748, um convite ao ideal missionário feito por São Bonifácio preparou as monjas do convento inglês para uma migração de religiosas ao reino germânico. Quando as monjas se encontravam em alto-mar, aconteceu uma tempestade violenta. Walburga saiu para o convés e se ajoelhou para rogar por sua alma; ao fazer isso a tormenta cessou imediatamente.

Na antiga Alemanha caiu enferma e se dedicou à instrução das noviças. Ali Wibaldo foi nomeado bispo de um povoado germânico e Winibaldo construiu em Heidenheim um mosteiro que recolhia monges e monjas. Nele, Walburga tornou-se abadessa. Com a morte do irmão abade no ano de 776, a abadessa assumiu a direção de ambas as partes do mosteiro, a masculina e a feminina. No dia em que ela e seu irmão bispo transladaram o corpo de Winibaldo à diocese descobriram que ele encontrava-se incorrupto. Três anos depois, em 25 de fevereiro, a santa faleceu e foi enterrada em seu mosteiro. Um século depois foi transladada a tumba de seus irmãos. Seu sepulcro é famoso por seus milagres.

Oração

Santa Walburga, tu que estás na glória do céu, te ofereço minha devoção cheia de confiança em Jesus. Deus te agraciou com o dom de curar, de fortalecer e de consolidar, e agora te rogo que me cures, me fortaleças e me consolides. Pelo amor de Jesus Cristo. Amém.

Patriarca Abraão

Pai dos fiéis
Dia 12 de março

Segundo a Bíblia, Abraão nasceu em Ur, Caldeia, e era descendente de Noé pela linhagem de Sem. Apesar de Deus ter-lhe prometido numerosa descendência, casou-se com uma mulher muito bela, porém estéril, chamada Sara; esta ofereceu-lhe sua escrava, Agar, para que lhe concebesse um filho. Tendo dado à luz, sua senhora forçou-a a ir para o deserto, onde Agar recebeu a visita do Senhor ordenando que voltasse para junto de Abraão prometendo-lhe que seu filho também seria pai de uma multidão. Com a idade de 99 anos, Abraão recebeu a visita do Senhor anunciando que sua mulher, já de idade avançada, conceberia um filho neste mesmo ano e lhe ordenou circuncidar todos os homens. Ele aceitou e sua mulher Sara deu à luz Isaac.

Certo dia, o Senhor apareceu a Abraão e lhe disse que fosse à região de Moriá e que ali sacrificasse seu primogênito em sua honra. O patriarca viajou durante três dias com Isaac e, quando encontrou o lugar que Deus havia lhe mostrado, subiu à montanha com seu filho. No caminho, Isaac, que levava a lenha para o sacrifício, perguntou-lhe várias vezes onde estava o animal destinado ao holocausto. Seu pai respondeu-lhe que o Senhor providenciaria o necessário. Quando estava pronto para sacrificar seu filho, um anjo impediu que o ato se consumasse. Deteve Abraão e providenciou um carneiro para ocupar o lugar destinado a seu filho.

Como é narrado no Gênesis, o nome original do patriarca era Abrão, mas por ordem do Senhor foi mudado para Abraão, o "pai de uma multidão de nações". Abraão é o pai e fundador do judaísmo. Os cristãos e os muçulmanos o consideram o pai dos fiéis crentes.

Oração

Graças por tudo, como Abraão, estou disposto a tudo, aceito tudo, Te agradeço por tudo. Contanto que Tua vontade também se faça em minha vida e na de todas as criaturas amadas por Ti; nada mais desejo além disto, meu Deus. Amém

São Rodrigo

Presbítero e mártir
Dia 13 de março

São Rodrigo nasceu em Córdoba, Espanha, no século IX, quando essa cidade era um emirado árabe, em uma época relativamente pacífica, o que lhe permitiu estudar livremente para a carreira eclesiástica e conviver com um irmão muçulmano e outro ateu. O castigo que recebeu este sacerdote moçárabe veio da mão de seu próprio irmão maometano, quando Rodrigo se interpôs em uma de suas discussões violentas. Em um ato de fúria, seu irmão conduziu-o atado a uma maca pelas ruas enquanto o acusava de apóstata.

Pertencer à outra religião não era problema, mas a apostasia era um delito, de modo que Rodrigo foi encarcerado com São Salomão, que cumpria pena pela mesma razão. O juiz sentenciou ambos à pena de morte. Foram degolados, atados a pedras pesadas e lançados ao rio. Pela graça divina, o povo cristão encontrou os corpos dos dois mártires e rendeu-lhes homenagem mediante uma procissão fúnebre e um enterro solene.

Oração

Agradecemos a Ti, ó Pai, a liberdade que nos concedeste para que possamos praticar nossa fé em Jesus Cristo. Mesmo que não nos compreendam e, todavia, nos persigam verbalmente, Te agradecemos a oportunidade que nos deste para receber Cristo na Eucaristia e viver nossa fé sem temer a morte. Rezamos por aqueles que sofrem a perseguição e que a suportam com firmeza igual a de São Rodrigo. Em nome de Jesus, rezamos. Amém.

Santa Matilde da Saxônia

Patrona dos poetas
Dia 14 de março

Santa Matilde da Saxônia nasceu no ano de 890, na localidade de Quedlinburgo, na Saxônia, antiga Alemanha, numa rica casa ducal. Cresceu e foi educada no convento de Herford, cuja abadessa era sua avó paterna. Lá recebeu uma notável instrução religiosa que a converteu em uma mulher piedosa e de singular temperança. Matilde se casou com Henrique, duque da Saxônia, e exerceu uma notável e inteligente influência sobre seu esposo, tendo assim conquistado grandes trunfos. Ainda que Henrique tivesse herdado o ducado de seu pai e, em 919, se convertido no rei da Saxônia, Matilde sempre estava junto aos pobres. Depois de vinte e três anos de feliz matrimônio, o rei faleceu e Matilde vendeu suas joias e repartiu o valor entre os mais necessitados. Esta sua conduta suscitou as críticas do sucessor da coroa, seu filho Otto, que a recriminou pelo desperdício. Ela deu sua herança aos filhos e voltou à sua terra de origem.

Matilde se sentia satisfeita quanto à união entre seus filhos, mesmo que tenham sido as críticas a ela o que mais lhes tenha aproximado. Então, um de seus filhos, Henrique, caiu gravemente enfermo e o rei, seu irmão, impotente ante tal desgraça, rogou à sua mãe que regressasse ao palácio. Matilde continuou suas obras benéficas e sua misericórdia foi aceita pelo rei, que acabou deixando o reinado a seus cuidados.

Ao pressentir que sua morte estava próxima, Matilde deixou o palácio para ocupar-se de suas fundações. Em uma de suas viagens a Quedlinburgo, contraiu uma febre. Faleceu a 14 de março de 968, deixando todos seus bens em herança aos necessitados. Por sua dedicação aos pobres e a fundação de numerosas casas religiosas foi canonizada pouco depois de sua morte.

Oração

Oh, Matilde, rainha santa e generosa, faze com que todas as mulheres do mundo que têm altos postos ou fortunas saibam partilhá-los com os pobres, com toda a generosidade possível, para que assim possam ganhar os prêmios do céu com suas esmolas dadas na terra. Matilde, tu, que estás próxima de Deus, faze que os anjos me acompanhem neste propósito e que eu jamais venha a cair no horrível egoísmo que circunda o mundo. Amém.

São José

Esposo da Virgem Maria e Patrono Universal da Igreja
Dia 19 março

São José nasceu em Belém e foi o terceiro de seis irmãos. Era um carpinteiro de muito talento, humilde e devoto. Quanto tinha cerca de 30 anos, os sacerdotes convocaram os jovens solteiros da comarca descendentes de Davi. Ofereceram a cada um uma vara anunciando-lhes que Maria de Nazaré, uma jovem de 14 anos, haveria de casar-se com aquele cuja rama florescesse. Isto aconteceu somente com a rama de José. Maria lhe contou que estava, inexplicavelmente, esperando um filho. O normal teria sido repudiá-la publicamente, mas calou-se devido a seu espírito bondoso. Pouco antes do casamento, um anjo revelou-lhe que Maria era virgem e que seu filho fora engendrado pelo Espírito Santo, dissipando, assim, todas as suas suspeitas.

Estando Maria a ponto de dar à luz tiveram que partir de Belém por um edito de César Augusto ordenando um censo. Durante o caminho, Maria entrou em trabalho de parto. Quando Jesus veio ao mundo, seu coração encheu-se de felicidade ao ver que os pastores vieram adorar o menino e que os magos do Oriente lhe traziam presentes. Um anjo anunciou-lhe que Herodes buscava seu filho para matá-lo e ordenou-lhe ir para o Egito com a família. Nessa mesma noite José fugiu com Maria e Jesus para o deserto, logrando assim que Herodes não cumprisse seus propósitos. Outro anjo revelou-lhe a morte de Herodes e, com isso, a liberdade para regressar à sua terra. Contudo, com medo de Arquelau, o herdeiro do trono, José preferiu esconder sua família em Nazaré.

São José, admirado por seu caráter silencioso nas Sagradas Escrituras, é um exemplo a seguir que propaga o ensinamento do amor fraternal desde o silêncio do coração.

Oração

José dulcíssimo e pai amantíssimo de meu coração, a ti elejo como meu protetor na vida e na morte, e me consagro a teu culto neste dia em recompensa e satisfação por aqueles que de forma vã se entregaram ao mundo e suas vaidades. Suplico-te com todo o meu coração que por dores e alegrias me alcances, de teu Filho adotivo, Jesus, e de tua verdadeira esposa, Maria Santíssima, a graça de empregá-las em muita honra e glória sua e no bem e proveito de minha alma. Amém.

Santa Maria Egipcíaca

Penitente

Dia 2 de abril

Santa Maria Egipíaca nasceu no século V, no Egito. Foi um caso excepcional de penitência, pois soube renunciar à vida de pecado que levava desde a puberdade e castigar seus desejos mundanos por quarenta anos no deserto de Judá.

No ano de 421, Zózimo, um monge já idoso que dava início à sua vida de eremita, encontrou-a ajoelhada sobre a areia escaldante do deserto e interrogou-a sobre sua origem. Maria lhe narrou a história de seus dias de entrega ao prazer e a outros pecados capitais e de como, em uma viagem a Jerusalém, que só empreendeu pelo desejo de mais aventuras, foi impedida de entrar no Templo do Santo Sepulcro por uma força invisível. Então, produziu-se o milagre que fez ela se arrepender de seus pecados: diante de uma imagem da Virgem, viu nela o amor que sempre havia buscado e, presa de uma intensa emoção, implorou à Mãe do Senhor seu bendito perdão, em troca de penitências. Ao terminar sua história pediu ao monge que lhe trouxesse a Santa Eucaristia na Quinta-feira Santa. Santa Maria tomou a Sagrada Comunhão. No dia da Páscoa, Zózimo a encontrou sem vida. Segundo a tradição, um leão manso cavou uma cova na terra para que o monge pudesse dar-lhe sepultura. Posteriormente, neste lugar, começaram a se a produzir milagres.

Oração

Ouve, Senhor e Salvador nosso, nossas súplicas para que, assim como nos alegramos na festividade de Santa Maria Egipcíaca, também possamos receber o fervor de uma devoção verdadeira. Por nosso Senhor Jesus Cristo. Amém.

São Vicente Ferrer

Patrono da Comunidade Valenciana
Dia 5 de abril

São Vicente Ferrer nasceu em 23 de janeiro de 1350 em Valência, sob a Coroa de Aragão, onde conviviam cristãos, judeus e muçulmanos. Recebeu uma educação culta e cristã das mãos de Santa Ana. Por sua diligência nos estudos, com 17 anos ordenou-se na ordem dominicana do Real Convento dos Pregadores, onde estudou teologia tomista, a Bíblia, lógica, latim e hebraico. Devido à sua dedicação e inteligência foi enviado a Barcelona, Lérida e Toulouse, França, para se especializar.

Nessa época, os cristãos estavam divididos em duas sedes papais: a romana, com Urbano VI e a de Avignon, com Clemente VII. Vicente Ferrer apoiou o segundo com o brilhante *Tratado sobre o Cisma Moderno*, datado de 1380, no qual expôs as razões teológicas e de direito canônico destinadas a convencer a cristandade sobre a legitimidade do papado de Avignon.

Ganhou justa fama por seu carisma e devoção à justiça, garantida depois de renunciar ao convite do papa de Avignon em 1934, Benedito XIII, que o elegeu como seu confessor e teólogo pessoal na qualidade de cardeal e arcebispo. Mas Vicente Ferrer, que sofria com a separação da Igreja, recusou esses cargos e iniciou uma peregrinação pela Europa durante a qual converteu muitos sarracenos e judeus.

Dez anos depois regressou à Coroa de Aragão e fez parte de um grupo de comissários que deveriam eleger o sucessor da coroa. Dedicou seus últimos dias à evangelização na França, falecendo em Vannes, em 5 de abril de 1419. Em seu Processo de Canonização, quarenta anos depois, foram recolhidos cerca de mil narrativas de prodígios protagonizados pelo dominicano.

Oração

Amadíssimo pai e protetor, São Vicente Ferrer! Alcançai-me uma fé viva e sincera para valorizar devidamente as coisas divinas, retidão e pureza de costumes como as que vós mesmo fostes agraciado, e caridade ardente para amar a Deus e ao próximo. Amém.

Santa Cacilda

Virgem e eremita
Dia 9 de abril

Santa Cacilda nasceu em Toledo, no século XI, com o título de princesa do reino muçulmano. Por sua bondade e sentido de justiça apiedou-se dos cristãos cativos nas masmorras de seu palácio, sem se importar com o duro castigo que se lhe infringiria seu pai, maometano, se soubesse de seus atos. Escondia comida para levar aos cativos e, em certa ocasião, esteve a ponto de ser descoberta. Milagrosamente, os víveres se transformaram em rosas e, graças a isso, pôde salvar sua vida.

Uma grave enfermidade serviu-lhe de desculpa para escapar do reino muçulmano, pois alegou somente poder curar-se do mal com um banho no lago de São Vicente, situado nas terras cristãs de Burgos. Lá se curou e foi batizada vivendo como virgem e eremita. Seus restos mortais permaneceram numa tumba em seu eremitério durante cinco séculos até seus restos mortais serem transladados para um santuário construído sobre o mesmo lugar. No século XVII, suas relíquias foram levadas à catedral de Burgos, que as compartilhou com a de Toledo. Finalmente, todos os pertences da santa foram depositados em seu santuário.

Oração

Cacilda, refugiada no coração sagrado, reza por todos os homens, mulheres e crianças para que, como tu, mesmo tendo nascido em terras distantes da Palavra, semeiem a centelha celestial do único e verdadeiro Deus Criador. Faze que conheçam as palavras amáveis de Jesus, mesmo que nunca as possam ler; faze que ajam com consideração ao próximo e conduze suas ações para longe do pecado, para que possam entrar no Reino dos Céus. Pela Santa Cruz de Cristo. Amém.

São Hermenegildo

Rei e mártir
Dia 14 de abril

São Hermenegildo nasceu no século VI no palácio real visigodo de Toledo. Seu pai, o rei Leovigildo, defendia as ideias de Ario, que negava a Santíssima Trindade e, consequentemente, a divindade de Cristo. Mas Hermenegildo teve uma forte influência católica por parte de seus tios carnais, os santos Leandro e Isidoro de Sevilha.

Leovigildo casou-se em segundas núpcias com Gosvinta, uma fanática do arianismo, que considerava os católicos como inimigos. Ainda adolescente Hermenegildo e seu irmão menor Recaredo foram associados ao trono de seu pai, que procurou uma mulher nobre que com ele pudesse se casar. A escolhida foi Ingunda, princesa franca e neta de sua segunda esposa. Gosvinta percebeu que esta jovem poderia pôr em perigo a confissão ariana do reino e tentou fazer que mudasse de fé maltratando-a com a intenção de quebrar a sua vontade, mas tudo que fez foi inútil.

Consciente do dano que estava sofrendo sua mulher, e apaixonado, Hermenegildo pediu a seu pai que fosse enviado como governador para Sevilha. Lá viviam seus tios maternos cuja influência, somada a de Ingunda, levou-o a abraçar o catolicismo. Como governador estendeu sua fé a todo o reino, despertando a ira de seu pai e, sobretudo, de Gosvinta. Em 581, Leovigildo enviou suas tropas contra as de Hermenegildo. Em 583, o santo foi sitiado em Sevilha e um ano mais tarde teve de fugir para Córdoba, onde foi capturado pelo exército de seu pai e encarcerado em Tarragona. Hermenegildo negou-se a abjurar a sua fé e foi condenado à morte. Seu carcereiro decapitou-o na noite do Sábado Santo, dia 13 de abril de 585. Depois de sua morte seu irmão converteu-se ao catolicismo e, quatro anos mais tarde, converteu-se também o povo visigodo.

Oração

Fazei, Senhor, ao bom mais honrado, com as perseguições, e ao mais rico, com os trabalhos, e dai-lhe assistência para que os aproveite. Que valha muito seu esforço, enxugai suas lágrimas, contai seus passos, cuidai até do último dos fios de seus cabelos; enquanto os pecadores se cansem no caminho da maldade e da perdição, andando sempre por caminhos ásperos e difíceis. Digam o que disserem, não irão ao inferno com muito descanso. Quanto faz padecer a tirania das paixões! Aquele que se perde, se perde sempre a muito custo. Quanto prejudicial é para eles esta ignorância fatal! Quanto isso lhes custa! Amém.

Santa Gema Galgani

Sofreu a Paixão por amor a Jesus e aos pecadores
Dia 14 de abril

Santa Gema Galgani nasceu em 12 de março de 1878, em Borgonovo di Camigliano, Luca, Itália, e faleceu com 25 anos. Era de família modesta e perdeu seus pais quando era ainda muito jovem. Sua mãe faleceu acometida pela tuberculose quando Gema tinha somente 8 anos e, mais tarde, seu pai, vítima de um tumor. Recebeu essas enfermidades como herança de seus pais. Já desde pequena foi uma criatura enferma e pouco desenvolvida: aos 9 anos ainda mantinha a aparência de 6. Suas enfermidades foram uma das características mais conhecidas de sua biografia, que merecem um capítulo à parte.

Desde muito jovem quis ser religiosa, mas devido à sua delicada saúde não foi admitida pela comunidade religiosa e decidiu viver seguindo a vida de oração e penitência em sua própria casa, convertendo-a em um "convento". Aos 21 anos sofreu os estigmas da paixão de Jesus, que coincidiam com as feridas do crucifixo diante do qual orava. Desde sempre teve uma grande devoção à Paixão de Jesus Cristo, provavelmente, influenciada por seu diretor espiritual, o padre Germán de Santo Estanislau. Somente saía de seu "convento" para assistir à missa. Em mais de uma ocasião teve experiências místicas. Todas suas orações dirigidas ao Senhor destinavam-se a pedir a conversão e a ajuda aos mais necessitados de seu povo.

Morreu no sábado, dia 11 de abril de 1903, em meio a uma grande comoção, vencida pela tuberculose. Luca e quase toda a Itália a consideravam uma santa, e o papa Pio XI a declarou beata apenas trinta anos depois de sua morte. Finalmente, Pio XII a canonizou em 1940.

Oração

Aqui me tens prostrada a
Vossos pés santíssimos, meu
querido Jesus, para Vos manifestar
em cada instante meu reconhecimento e gratidão
por tantos e tão contínuos favores com os quais
Vós me haveis outorgado e que todavia quereis
conceder-me. Oh, Jesus! Tenhais piedade de mim.
Faça-se em tudo a Vossa vontade. Amém.

Santo Expedito

Patrono das causas justas e urgentes
Dia 19 de abril

Santo Expedito nasceu na Itália no século IV. Educado na religião pagã do Império Romano, escolheu a árdua vida de soldado, na qual se destacou na direção de uma grande legião. Expedito participou de muitas das caças a cristão ordenadas pelo imperador Diocleciano até que, certo dia, se sentiu comovido pela bravura das vítimas no martírio. Concluiu que esse único Deus dos cristãos tinha que ser todo-poderoso e glorioso, uma razão substancial por quem dar a vida.

A lenda diz que sua intenção de converter-se ao cristianismo foi percebida por um corvo maligno que, tencionando desviar Expedito de seu intento, grasnou: "cras, cras, cras", que em latim significa "amanhã". Expedito esmagou-o com seu pé dizendo: "hodie, hodie, hodie", que significa "hoje". Feito isso se converteu ao cristianismo com grande resolução. Negou-se a render culto aos líderes do Império e foi condenado à morte e martirizado com outros companheiros cristãos em 19 de abril de 303.

Oração

Glorioso Santo Expedito, nosso mártir protetor! Conhecendo a tua valia diante de Deus vimos apresentar-te nossas súplicas. Tu conheces nossas necessidades mais urgentes. Colocamos todas elas em tuas mãos. Esperamos que nos alcances diante de Deus uma pronta solução para elas. Desejamos poder sentir hoje mesmo a tua proteção. Por nossa vez pedimos que nos alcances de Deus uma fé firme que jamais desfaleça, uma caridade que nos inflame em seu amor e no amor aos demais, e uma esperança alegre em meio aos nossos problemas. Suplicamos-te por Jesus Cristo, nosso Senhor. Amém.

HODIE
GRAS

São Jorge

Mártir
Dia 23 de abril

São Jorge nasceu em finais do século III na Capadócia, atual Turquia, e cresceu amparado por pais cristãos. Ingressou no exército romano onde, por seu valor, assumiu a guarda pessoal do imperador Diocleciano. Quando este emitiu ordem para eliminar os cristãos do império, São Jorge manifestou sua cristandade abertamente e, mesmo tendo o imperador tentado fazer seu súdito renegar a fé, seus esforços foram vãos.

São Jorge aceitou sua condenação à morte em nome de Deus e, ainda que os verdugos lhe açoitassem, lhe arrancassem a pele com ganchos e lhe jogassem em um tonel de lanças, as feridas de seu corpo se curavam prodigiosamente. Diante disso, o imperador decidiu que recebesse uma morte rápida. Assim, São Jorge, depois de ser amarrado a um cavalo e arrastado pela cidade, foi decapitado na praça. O culto a este soldado começou logo após seu martírio. É o patrono da Inglaterra, Polônia, Geórgia, Portugal e também da Catalunha e Aragão.

Oração

Poderoso São Jorge, defendei-nos no combate, sede nosso amparo contra as malícias e tentações do demônio. Livrai-nos de seus enganos e sua perseguição, amparando-nos em todo o momento. Poderoso São Jorge, afastai de minha mente as más ideias e os maus pensamentos, que Deus, por vosso intermédio, aumente a minha fé e minha plena confiança em meu Criador para sair vitorioso nos combates da vida, e que meu caminho fique livre de obstáculos para que a cada dia eu tenha mais forças para lutar e vencer. Amém.

São Marcos

Evangelista e mártir
Dia 25 de abril

Marcos, também chamado João Marcos, nasceu pouco antes da crucificação de Jesus e viveu desde jovem no monte das Oliveiras. Era filho de uma mulher chamada Maria e o evangelista não teve contato direto com Jesus, uma vez que, quando este pregava, ele ainda era muito pequeno. Mas Jesus, sem dúvida alguma, teve-o como um de seus seguidores, sobretudo com seu primo Barnabé, e também Pedro e Paulo. Quando os apóstolos começaram a difundir a palavra de Deus, Paulo e Barnabé partiram rumo a Antioquia levando consigo Marcos. Pregaram em Chipre e em seguida em Perges, mas a dureza dos caminhos e os bandidos atemorizaram o evangelista, regressou à sua terra.

Sabe-se que fez uma segunda viagem a Chipre somente com seu primo, pois Paulo não o quis como companheiro, e que esteve em seguida em Roma, com São Pedro, de quem havia sido secretário e confidente. A possibilidade dessa relação entre ambos é confirmada pela primeira carta do apóstolo que se refere a Marcos como sendo seu filho (espiritual). Outros autores afirmam que Marcos traduzia os discursos de Pedro.

Graças ao contato direto com os apóstolos, sobretudo com Pedro, Marcos pôde conhecer intimamente a vida do Mestre; por esta razão, os cristãos de Roma pediram-lhe que a pusesse por escrito, dando assim origem ao Evangelho que leva seu nome. Seu livro, feito com o coração, contém muitos detalhes que não aparecem no relato dos evangelistas posteriores. É uma narrativa em linguagem popular que, seguramente, reflete fielmente a humildade e sensível oratória que Pedro utilizou para difundir a palavra de Deus. O Evangelho de São Marcos é o primeiro dos quatro e, sem dúvida alguma, serviu de modelo aos de João, Lucas e Mateus.

Oração

Deus Todo-Poderoso, que Te revelas amorosamente aos homens por meio de feitos e palavras, Te pedimos pela intercessão de São Marcos evangelista que, mediante a boa nova do Evangelho, sigamos o exemplo de Jesus Cristo, a palavra feita carne no seio de Maria. Tu que aprendeste dos discípulos de Jesus e te sentas junto deles no reino celestial tão próximo de Deus, agraciado por tuas obras, por favor, levai-me pelo caminho da verdade. Amém.

Santo Isidoro

Patrono dos estudantes, historiadores e programadores
Dia 4 de abril

Acredita-se que Santo Isidoro tenha nascido em Cartagena, Espanha, por volta do ano de 560. Foi o filho caçula de quatro irmãos que também foram canonizados. Seus pais faleceram e seu irmão Leandro, mais velho que ele, encarregou-se de sua educação. Sua capacidade para observação e aprofundamento levaram-no a descobrir muitas verdades e a robustecer sua fé e religiosidade. Um dia, enquanto secava a água de um poço, percebeu que a corda que suportava o balde havia partido o parapeito. Compreendeu que a consciência e a vontade podem dominar a mente do homem e permitir-lhe vencer as dificuldades; após esta reflexão voltou aos estudos.

Recebeu o título de Mestre da Idade Média ou da Europa Medieval, como mérito a seus brilhantes tratados sobre História. Sua *História dos visigodos* é a única fonte de informação sobre este povo que chegou até os dias atuais. Mas não dominou somente esta disciplina, entre suas primeiras obras figuram um dicionário de sinônimos, um tratado de Astronomia e Geografia e notáveis estudos teológicos e eclesiásticos.

Santo Isidoro era um grande orador, seus discursos eram simples mas profundos, desde lugares distantes vinham multidões para escutá-lo. Sua forma de educar era aberta e progressista, considerando-se que tentou abarcar todo o leque do conhecimento humano. Quando São Isidoro sentiu que seu fim se aproximava, pediu perdão publicamente a todos os que por ventura ofendera, perdoando, também a todos os seus inimigos, e pediu ao povo que rogasse a Deus por sua alma. Em um último ato de caridade, distribuiu todos os seus pertences entre os pobres, regressou a sua casa e morreu em paz a 4 de abril de 636, aos 80 anos. Foi declarado Doutor da Igreja em 1722.

Oração

Aqui estamos, Senhor Espírito Santo. Aqui estamos atados pela inércia do pecado, mas reunidos especialmente em Teu Nome. Venha a nós e permanece conosco. Digna-Te penetrar em nosso interior. Ensina-nos o que devemos fazer, por onde devemos caminhar e mostra-nos o que devemos praticar para que, com Tua ajuda, saibamos agradar-Te em tudo. (Santo Isidoro)

São Pancrácio

Mártir patrono da fortuna, do trabalho e da justiça
Dia 12 de maio

São Pancrácio nasceu na Frígia, e, segundo assegura o manuscrito original da basílica que leva seu nome, suportou o martírio e faleceu em 12 de maio de 304, em Roma, com somente 14 anos. Esses dados permitem situar seu nascimento no ano de 290. Aos 8 anos ficou órfão e seu tio Dionísio, um pagão, acolheu-o em sua casa.

Segundo algumas fontes, vivia com a família de seu tio um criado cristão que foi quem mudou o direcionamento espiritual tanto de seu senhor como do sobrinho. Esse contato com os ensinamentos cristão os levou à Colina de Célio, uma das sete colinas de Roma, onde receberam o batismo das mãos do papa Marcelino.

Pouco depois de sua conversão, iniciou-se uma perseguição contra os cristãos. Pancrácio foi aprisionado e levado ao tribunal, mas era tão grande a sua fé que, mesmo diante das ameaças, não apostatou. Depois de ser decapitado recebeu sepultura na Via Aurélia. Nesse lugar foi erguida, no século VI, uma basílica em sua honra para acolher os numerosos peregrinos que buscavam sua intercessão diante do Senhor.

Oração

Glorioso São Pancrácio, que por amor a Jesus Cristo aceitaste o martírio com valor, alcança-me de Deus um trabalho honrado e suficiente para todas as necessidades desta vida temporal. Peço-te saúde e força para cumprir com meu trabalho, pois através dele creio poder alcançar a glória eterna. Amém.

ADME OMNIA
ETEGO BONA
DABO

São Matias

Apóstolo
Dia 14 de maio

É muito pouco o que se encontra sobre São Matias nos Atos dos Apóstolos. Entretanto, apesar da brevidade dos comentários, esse santo ocupa um posto muito singular entre os apóstolos: o trono vazio de Judas Iscariotes, o traidor que serviu de guia aos guardas que prenderam o Mestre.

Segundo os relatos, depois da ascensão de Jesus aos céus, os onze apóstolos se reuniram em Jerusalém à espera do cumprimento da profecia: o regresso do rei dos judeus. Junto deles, Maria e outros discípulos oravam em sua própria sinagoga formada por 120 fiéis. Enquanto esperavam o milagre, recordaram que a profecia indicava que os doze apóstolos receberiam Jesus e se deram conta que, ao faltar Judas, passaram a ser somente onze. Por essa razão dispuseram-se a encontrar quem pudesse substituir Judas. Essa pessoa deveria ter sido uma testemunha da Vida do Mestre, desde seu batismo no Jordão até a ascensão na Santa Cruz. Eram dois os candidatos: Barsabás e Matias.

Uma vez designados os candidatos, eles oraram dessa forma: "Senhor, Tu que conheces os corações de todos, mostra-nos a qual desses dois eleger como apóstolo no lugar de Judas". Em seguida, lançaram a sorte e o eleito foi Matias.

Existem várias tradições que narram sua morte. Uma delas diz que alguns canibais da Etiópia decapitaram o apóstolo, outra responsabiliza os judeus por sua morte e uma terceira indica que morreu na cruz. Esta última suscitou a devoção dos carpinteiros pelo santo.

Oração

Oh Deus, que Te dignaste agregar ao Colégio Apostólico o bem-aventurado São Matias, concede-nos por sua intercessão experimentarmos sempre os efeitos de Tua misericórdia. Oh, Senhor, que quiseste que São Matias ocupasse o trono vazio para completar o número dos apóstolos, concede-nos por seus rogos que possamos sentir a alegria de sermos eleitos entre Teus prediletos. Por Jesus Cristo, nosso Senhor. Amém.

São João Nepomuceno

Patrono da Boêmia e do Real e Glorioso Corpo
de Infantaria da Marinha Espanhola
Dia 16 de maio

São João Nepomuceno nasceu em 1340 em Nepomuk (Nepomuceno), Boêmia. Ingressou na Universidade de Praga e cursou Direito Canônico em Pádua. Foi pastor em Praga durante treze anos, até que João de Jenstejn, arcebispo da cidade, nomeou-o vigário-geral. A diocese estava sob o comando do rei Wenceslau da Boêmia e Alemanha, com quem São João viveu um episódio desagradável. Sendo ele confessor de sua esposa, Joana da Baviera, o rei lhe pediu que contasse os pecados de sua esposa, mas João manteve o segredo de confissão. Como consequência passou a ser o primeiro mártir por guardar o segredo que impõe esse sacramento.

Sua nomeação como vigário-geral de João de Jenstejn não foi bem acolhida pelo rei, pois ele possuía riquezas e casas que, possivelmente, eram disputadas com outros senhores. Além disso, durante a reforma da Igreja da Boêmia surgiu uma vaga na abadia beneditina de Kladruby e, para ocupá-la, nomearam um proprietário de terras, designado pelo papa de Roma, e um escolhido pelo pontífice de Avignon. O arcebispo de Praga queria que se nomeasse o candidato do pontífice romano, entretanto João Nepomuceno apoiou o segundo. Como represália, a 20 de março de 1393 foi jogado da ponte de Carlos. Depois de sua morte, o arcebispo João de Jenstejn partiu para Roma e denunciou o rei como responsável pelo martírio do vigário. O santo é representado com sua cabeça rodeada por um aro com cinco estrelas, em homenagem àquelas que brilham no céu na noite em que se afogou no rio Moldova. Foi canonizado em 1729 durante o papado de Bento XIII. Descansa desde 1736 na catedral gótica de São Vito de Praga, junto dos túmulos dos bispos e monarcas dessa cidade.

Oração

Oh Deus, que pelo silêncio
sacramental invencível do
bem-aventurado João Nepomuceno
adornas-Te Tua igreja com uma nova
coroa do martírio, concede-nos, por sua intercessão e exemplo, que moderemos nossa
língua e soframos os males deste mundo pelo bem de nossa alma.
Por Jesus Cristo nosso Senhor. Amém.

São Bernardino

Patrono dos publicitários e protetor contra os jogos de azar
Dia 20 de maio

São Bernardino nasceu em 1380 em Massa Marittima, Itália, na casa dos nobres Albizeschi, quando seu pai era o governador da cidade. Ficou órfão aos 6 anos e viveu com sua tia até terminar os primeiros estudos. Graças à sua herança pôde estudar Direito Civil e Canônico, mas o dinheiro o distanciou da moral do bom cristianismo, ao qual retornou com o atendimento aos enfermos da peste. Nos princípios do século XV, ingressou na ordem mendicante fundada por São Francisco de Assis, a Ordem Franciscana da Observância, e doou sua fortuna aos pobres. Pouco depois, São Vicente Ferrer escolheu-o para evangelizar a Itália. Durante mais de trinta anos ganhou muitas almas, resolveu problemas sociais e realizou surpreendentes milagres. Foi eleito vigário-geral da ordem franciscana em 1437 e, um ano depois, representante de toda a ordem na Itália. Esses altos cargos obrigaram-no a apartar-se de seu verdadeiro desejo: as missões evangelizadoras. Morreu em 1444. Foram tantos os testemunhos de seus milagres que acabou canonizado pouco tempo depois.

Oração

São Bernardino de Sena, querido santo da Ordem Franciscana, a ti que tanto se importou com a Palavra, que passaste grande parte de tua vida compartilhando o conhecimento divino sem cansar-se, que repartiste tua riqueza material e espiritual sem arrependimento, por favor, concede-nos o dom da caridade. E tu que sempre preferiste falar em nome de Jesus com reverência e sem temor, faze que de nossa boca somente saiam palavras de amor celestial. Por Jesus Cristo nosso Senhor. Amém.

IHS

Santa Rita

Patrona das causas perdidas
Dia 22 de maio

Santa Rita nasceu em 1381 em Rocca Porrena, na província da Perúgia. Desde pequena quis entrar em um convento, mas seus pais a desposaram com Paolo Mancini, um homem desprezível. Do casamento nasceram dois filhos gêmeos. Uma manhã, Paolo saiu para trabalhar e nunca mais regressou. Livre das obrigações do casamento e com seus filhos já adultos, ela foi até o convento de Santa Maria Madalena, da Ordem de Santo Agostinho, mas não quiseram admiti-la por não ser mais virgem. De volta ao lar, seus filhos, tão temperamentais como o pai, disseram-lhe que queriam vingar a sua morte. Alarmada, Rita rogou a Deus para que não cometessem um assassinato. Suas súplicas foram escutadas e ambos caíram enfermos. Estando no leito de morte, a santa conseguiu que perdoassem os assassinos de seu pai pouco antes de morrerem.

Nesse mesmo ano, durante uma noite apareceu prodigiosamente dentro do convento. Às monjas surpresas explicou que Santo Agostinho, São João Batista e São Nicolas de Tolentino haviam-na colocado para dentro dos muros do mosteiro. Sendo assim, diante de tamanho milagre não puderam negar-lhe a entrada. Sua vida no mosteiro agostiniano foi marcada pela penitência e pelo milagroso estigma que lhe apareceu na face. Em uma madrugada de 1428, levantou-se com uma lasca cravada na fronte, que foi relacionada com os espinhos da coroa que suportou Jesus. A ferida se abria com assiduidade até o dia em que caiu enferma, em 1453. Morreu no dia 22 de maio desse mesmo ano.

Conta a tradição que, estando acamada, recebeu a visita de sua prima que lhe perguntou se queria algo. Mesmo sendo inverno, a santa pediu-lhe uma rosa do jardim e sua prima para agradá-la saiu ao ar livre sem esperar encontrar nenhuma flor. Para sua surpresa viu um único botão de rosa e, por essa razão, isso passou a ser atributos de sua iconografia.

Oração

Pelos singulares méritos de tua infância, pela perfeita união
com a Vontade Divina, pelos heroicos sofrimentos durante
tua vida de casada, pelo consolo que experimentaste com a conversão
de teu esposo, pelo sacrifício de teus filhos antes de vê-los ofender
gravemente a Deus, por tua milagrosa entrada no convento, protege-nos.
Amém.

São Felipe Neri

Patrono dos educadores e dos humoristas
Dia 26 de maio

Felipe Neri nasceu em 22 de julho de 1515 em Florença, onde teve uma infância feliz. Após a morte de sua mãe, seu pai, Francesco Neri, levou-o a Cassino para aprender o ofício de comerciante com seu tio. Mas sua vocação era a religião e, com 12 anos, abandonou a casa do tio e partiu para a cidade santa de Roma. Ali conjugava o trabalho social com seus estudos no centro cultural agostiniano de Sapiência e visitava as catacumbas sagradas dos primeiros cristãos. Conta a tradição que foi nesse local, sobre a tumba de São Sebastião, que em 1544 uma bola de fogo lhe atravessou o peito, milagre que marcou seu corpo, deformando-o.

Organizou a Confraria da Santíssima Trindade para tratar o problema da pobreza e as enfermidades que assolavam Roma. Essa entidade responsabilizava-se para que cada enfermo obtivesse assistência médica e espiritual até estar curado. São Felipe introduziu a receita de quarenta horas de culto à Eucaristia.

Sua fama de fiel seguidor de Cristo e homem bondoso lhe valeu o hábito de sacerdote. Instalou-se em São Jerônimo, um edifício eclesiástico no centro de Roma, e organizou reuniões diárias com seculares em que os sacerdotes liam e refletiam sobre a palavra de Deus. Essas reuniões cresceram em conteúdo e número de participantes convertendo-se no que hoje se conhece com o nome de Oratório. Essa prática sensível e eficaz, iniciada pela alegre devoção de São Felipe, foi acolhida por outras cidades e países e se transformou na mais popular da comunidade cristã. A morte de São Felipe, em 26 de maio de 1595, não acarretou o abandono do novo enfoque evangelizador, mas ao contrário alcançou fama internacional, tanto que é empregada até hoje na Igreja.

Oração

Senhor nosso Deus, que nunca deixas de glorificar a santidade de quem com fidelidade Te serve, faze com que o fogo do Espírito Santo nos incendeie com aquele mesmo ardor que tão maravilhosamente inflamou o coração de São Felipe Neri. Tu, São Felipe Neri, santo da alegria, santo do socorro, dá-nos da parte do Senhor Misericordioso as antecipações do Paraíso. Amém.

São Bonifácio

Bispo e mártir, patrono dos lenhadores
Dia 5 de junho

São Bonifácio nasceu com o nome de Winfrido, no final do século VII no seio de uma família cortesã, no reino de Wessex, Crediton – hoje Devon, Inglaterra. No mosteiro de Nhutscelle, hoje Nursling, trabalhou como professor e escreveu o primeiro livro de gramática latina. Mais tarde empreendeu uma missão evangelizadora.

Em 718, o bispo de Utrecht enviou-o a Roma, onde o papa Gregório II encarregou-lhe de evangelizar os povos saxões da Germânia pondo-lhe o onomástico de Bonifácio, cujo significado latino é "benfeitor". Em sua missão na Germânia converteu a muitos bárbaros, desde a Frísia até Hesse. Gregório III, em reconhecimento ao seu trabalho, nomeou-o arcebispo de Mogúncia. Fundou seu primeiro mosteiro em Amöneburg (Hesse, Alemanha) e, posteriormente, muitos outros na Saxônia, onde também estabeleceu bispados nas cidades. Certo dia viu que, em um carvalho consagrado ao deus Odin, um jovem iria ser sacrificado por ocasião do solstício de inverno. O santo atirou uma lança e com um só golpe derrubou a árvore. O milagre mostrou aos habitantes a grandeza do Deus de Bonifácio. Não satisfeito, o santo viu nas proximidades um pinheiro e, em um ato de desafio ao deus pagão, declarou-o símbolo cristão. Desde esse dia, os habitantes passaram a colocar o pinheiro em suas casas durante o Natal, no solstício de inverno.

Aos 80 anos, em 754, durante uma viagem a terras da Frísia, realizou muitas conversões e, ao chegar a Dokkum, reuniu-se à comunidade religiosa para que os recém-convertidos recebessem a confirmação. Durante o encontro uma horda de bárbaros arrasou o lugar. A tradição afirma que antes de morrer São Bonifácio gritou: "Deus salvará nossas almas!".

Oração

Deus eterno, refúgio e ajuda de todos teus filhos, Te agradecemos por tudo que nos concedeste. Tu nos dás força na debilidade. Tu, amadíssimo, és a luz em nossa obscuridade, e em nosso sofrimento Tu és conforto e paz. Por favor, Te suplicamos que hoje nos dês força para proteger a Palavra Sagrada como Teu servo Bonifácio pôde fazer. Amém.

São Fernando

Patrono da juventude e dos engenheiros
Dia 30 de maio

Fernando era filho de Afonso IX de Leão e de Berengária, infanta e rainha de Castela. Nasceu no Mosteiro de Valparaíso em Zamora, Espanha, em 1201. Foi ele quem uniu os reinos de Castela e Leão e conquistou as regiões de Córdoba, Úbeda, Múrcia, Jaén, Cádiz e Sevilha. Para ele o mais importante era a divulgação da Palavra nas regiões que conquistava.

Esse Cavaleiro de Cristo ou Servo de Deus, sempre rogava ao Altíssimo e, sobretudo, à Virgem Maria, para o fortalecimento da fé católica no seu reino. Sua devoção foi premiada com momentos de êxtase e aparições divinas. Humilde por natureza preocupava-se com o bem-estar de seus vassalos, pois, segundo suas palavras, mais temia "as maldições de uma velhinha pobre de seu reino que a todos os mouros da África".

Sua devoção a Maria levou-o a entronizá-la em Sevilha e em muitos outros povoados e lugares da Andaluzia. Seu sonho era que as terras do sul da Espanha fossem chamadas de "Terras de Maria Santíssima". Além de guerreiro e político excepcional, também foi poeta e músico. Entre suas cantigas se encontra uma dedicada ao Senhor.

Vendo-se próximo do fim, levantou-se de seu leito e, prostrando-se por terra sobre um monte de cinzas, recebeu a Unção dos Enfermos. Então, chamou seus filhos e a rainha e se despediu serenamente deles desejando-lhes como última recordação alguns sábios conselhos. Não se esqueceu de seus servos, e pediu-lhes perdão por alguma ofensa que pudesse ter infligido àqueles que se achavam no castelo. Morreu em 30 de maio de 1252, deixando um impecável exemplo de fé cristã a seu primogênito e sucessor, o rei Alfonso X, o Sábio. Foi canonizado por Clemente X no ano de 1671.

Oração

São Fernando, rei piedoso, que uniste ao amor de Deus o cuidado aos débeis,
ensina-nos a guiar nossos semelhantes, buscando o bem do próximo
e a glória de Deus, a exemplo de Jesus Cristo, que é Deus e que vive
e reina pelos séculos dos séculos.
Amém.

São Norberto

Bispo e fundador da Ordem dos Premonstratenses
Dia 6 de junho

São Norberto nasceu na Alemanha, no seio de uma família nobre, no ano de 1080. Com a idade em que os jovens da nobreza podiam escolher entre abraçar a vida militar ou entrar em um mosteiro, Norberto, que era um jovem ambicioso, escolheu continuar como cavaleiro.

Sua vida deu uma virada importante quando, durante um passeio a cavalo, foi surpreendido por uma tormenta que o derrubou. Ficou inconsciente por uma hora e, ao despertar, movido por sua consciência e tomando sua sorte como um aviso do céu, decidiu abandonar o exército e retirar-se para um mosteiro.

Fez penitência dentro dos muros monásticos e, três anos depois, o arcebispo de Colônia ordenou-o sacerdote. Norberto distribuiu seus bens entre os pobres conservando consigo somente uma mula e partiu para pregar a Palavra de Deus. Mais tarde abandonou o animal e prosseguiu seu trabalho a pé e descalço.

Em 1119, o papa Calixto II pediu-lhe que formasse uma ordem na França e, seguindo os desejos do pontífice, fundou uma abadia em Prémontré, França. Acompanharam-no eclesiásticos e seculares professando a Regra de Santo Agostinho. Adotaram o nome de Cônegos Brancos Premonstratenses e, com o passar do tempo, fundaram centenas de casas por todo o continente.

São Norberto faleceu em Magdeburgo, Alemanha, no ano de 1134, onde também exercia o cargo de bispo da cidade. Foi canonizado em 1582.

Oração

Senhor, Tu fizeste do bispo São Norberto um pastor admirável de Tua Igreja por seu espírito de oração e seu zelo apostólico, Te rogamos que, por sua intercessão, teu povo encontre sempre pastores exemplares que os conduzam à salvação. Deus, que fizeste do bem-aventurado Norberto vosso confessor pontífice, um excelente pregador de vossa Palavra, e que, por seu intermédio, deste uma nova família a vossa Igreja. Por nosso Senhor Jesus Cristo. Amém.

Santo Onofre

Patrono dos tecelões
Dia 12 de junho

Santo Onofre nasceu no século III, em terras da atual Etiópia. Segundo a tradição, seu pai, um príncipe egípcio, jogou-o nas chamas quando era criança para comprovar se era um filho bastardo. Deus não quis que sofresse dano algum e as chamas não lhe causaram nada. Foi criado no mosteiro de Hermópolis e, ao chegar a idade adulta, renunciou a seus direitos de príncipe para se apartar do mundo. Na Capadócia, atual Turquia, encontrou uma cova e nela viveu por sessenta anos. Durante suas meditações alimentava-se de tâmaras e água e, segundo a lenda, um anjo lhe entregava aos domingos o pão da Eucaristia.

Teve um discípulo chamado Pafúncio que, em sua última visita, encontrou-o muito enfermo e agonizante. Chegou a tempo de dar-lhe a Eucaristia e permaneceu a seu lado até o momento de sua morte. Anos mais tarde escreveu sua biografia.

É o santo patrono de Munique, do Principado de Mônaco, dos tecelões e daqueles que buscam uma casa própria. É representado como um ancião com barba e longos cabelos, com o corpo muito delgado, sem roupa e afastado do mundo.

Oração

Glorioso Santo Onofre, colocado por Deus neste mundo para nos servir de exemplo das virtudes e, no céu, para ser nosso patrono e venerado protetor, por favor, alcança do Senhor a graça que te peço nesta oração. Pelos séculos dos séculos. Amém.

Santo Antônio de Pádua

Frade franciscano patrono dos pobres
Dia 13 de junho

Santo Antônio de Pádua nasceu em 1195, no seio de uma família de nobres portugueses. Desde pequeno teve contato com a igreja. Os clérigos da catedral de Lisboa lhe transmitiram os primeiros conhecimentos religiosos. Com 15 anos foi confiado aos Cônegos de Santo Agostinho e, dois anos depois, viajou para Coimbra. Seu amor pelo estudo permitiu-lhe adquirir amplo conhecimento sobre a Bíblia. Sua vocação despertou em 1220, quando o rei de Portugal regressou de Marrocos com as relíquias dos santos frades franciscanos. Pouco tempo depois recebeu o hábito dessa ordem religiosa.

Empreendeu uma viagem evangelizadora a Marrocos, mas não pôde chegar ao destino porque lhe sobreveio uma grave enfermidade. Em sua viajem de volta à Europa, fortes ventos conduziram o barco onde estava para a Itália. Depois de desembarcar viajou para Assis, onde se celebrava uma grande assembleia na qual se encontrava São Francisco de Assis.

Na ermida solitária para a qual foi destinado pelo fundador da ordem seus dotes intelectuais permaneceram ocultos. Um dia, durante uma reunião para a qual nenhum dos monges havia preparado um discurso, deram a Antônio a palavra e converteu-se, a partir de então, no grande pregador da Lombardia. Conta a tradição que em Rímini os hereges impediram o povo de assistir a seus sermões, então aproximou-se das margens do mar e convocou os peixes aos gritos. Imediatamente, milhares de cabeças prateadas assomaram-se das águas se movendo com gestos de aprovação. Esse é um exemplo de sua atrativa personalidade e de seus dotes de orador que o consagraram como o melhor pregador da época. Finalmente, estabeleceu-se em Pádua. Nessa cidade veio a falecer em 1231 aos 35 anos de idade. Foi canonizado antes mesmo que se cumprisse um ano de sua morte. É representado com o menino Jesus em seus braços. É o patrono dos pobres e também é invocado para ajudar a encontrar os objetos perdidos.

Oração

Deus Todo-Poderoso e misericordioso, que dignaste escolher Santo Antônio, o mais gentil de todos os santos, como modelo de todas as virtudes para a bênção de toda a humanidade, e responsável pela conversão de muitas almas através de seus sermões, caridade e bom exemplo. Concede-me que, por seus méritos e intercessão, eu possa, real e verdadeiramente, converter-me e renunciar ao pecado. Por Jesus Cristo, nosso Senhor. Amém.

São Luís Gonzaga

Patrono da juventude cristã
Dia 21 de junho

São Luís Gonzaga nasceu no ano de 1568, em um castelo da Lombardia, Itália. Sua família debatia o destino do menino e, apesar de sua mãe encomendá-lo à Virgem, seu pai tinha outros desígnios para ele: convertê-lo em soldado. Luís cresceu entre canhões, mas certa vez sua mãe disse que se sentiria muito feliz se Deus escolhesse algum de seus filhos, e Luís respondeu que seria ele o escolhido. Apesar dos esforços paternos para que continuasse sua vida de soldado, Luís tinha clara sua devoção e, com 12 anos, já havia alcançado o mais alto grau de contemplação. Nessa época, durante uma viagem a Montserrat, onde seu pai fora nomeado governador, esteve ao ponto de morrer afogado quando o aumento do nível de um rio derrubou a carroça na qual viajavam. Desde então passou a sofrer de uma dolorosa enfermidade renal que o fez deixar a vida pública. Refugiou-se na igreja dos capuchinhos, na qual praticou as mortificações dos monges, jejum a pão e água três dias por semana, açoites, orações noturnas, etc.

Certo dia, quando se dispunha a receber a comunhão, uma voz celestial disse-lhe que ingressaria na ordem dos jesuítas. Sua mãe aprovou a decisão, mas seu pai ficou encolerizado e ameaçou açoitá-lo. Depois de longa luta conseguiu, finalmente, o consentimento para entrar no convento da Companhia de Jesus. Em 1591, durante uma grave epidemia em Roma, os jesuítas abriram um hospital para atender os enfermos. Luís Gonzaga foi de porta em porta pelas ruas da cidade mendigando alimento para os doentes. O santo foi contagiado nesse mesmo ano pela epidemia e morreu com somente 23 anos. Graças à sua enorme fé, aceitou a morte com tranquilidade, feliz com a proximidade de seu encontro com o Altíssimo.

Oração

Oh, São Luís, adornado de costumes angelicais, eu, indigno devoto de vossa pessoa, vos encomendo a castidade de minha alma e de meu corpo, para que vós vos digneis encomendar-me ao Cordeiro Imaculado, Cristo Jesus, e a sua puríssima Mãe, a Virgem das virgens, guardando-me de todo pecado. Não permitais, meu anjo, que eu venha a manchar minha alma com a menor impureza. Quando me virdes tentado a pecar arrancai de meu coração todos os pensamentos e afetos impuros. Amém.

São Tiago

Apóstolo e mártir
Dia 23 de junho

São Tiago nasceu em Betsaida, Galileia, filho de Zebedeu e conhecido também por São Tiago de Zebedeu. Era o irmão mais velho do apóstolo João. Juntos eram os Filhos do Trovão. Como o restante dos apóstolos, depois da morte do Mestre, iniciou sua viagem de evangelização e partiu para a Espanha, território que compreendia Espanha e Portugal. No caminho conheceu sete discípulos exemplares com os quais viu a Virgem Maria em um pilar, em Zaragoza e, pouco depois, se sentiu chamado a retornar para Jerusalém. No caminho de volta passou por Roma para deixar seus sete discípulos a fim de que o papa os fizessem bispos para continuarem a evangelização da Espanha.

A tradição apócrifa conta o martírio de São Tiago por Herodes, no ano de 44. Depois de capturado em sua viagem de regresso a Jerusalém foi decapitado. A tumba de Tiago, mais conhecido pelos espanhóis como Santiago, apareceu na Espanha na segunda década do século IX, em Iria Flávia, durante a regência de Alfonso II, o Casto. O rei acolheu os restos do apóstolo com devoção e aproveitou a conjuntura para unificar o reino asturiano sob um mesmo patronato e converter uma tradição pagã em cristã. O caminho de Santiago, sagrado para o povo celta, foi atribuído a São Tiago. Seus restos estão conservados na catedral de Santiago de Compostela, província de A Coruña, ponto final da peregrinação dos devotos que recorrem ao caminho de Santiago. A vieira é o símbolo dessa peregrinação.

Durante a Idade Média, os peregrinos empreendiam essa viagem na esperança de receberem indulgências: a redução que suas almas passariam no Purgatório. Se o caminho era percorrido durante o ano dedicado ao santo, a alma entraria diretamente no Céu.

Oração

Senhor São Tiago! Eis-me aqui junto de teu sepulcro, peregrino de todos os caminhos do mundo para honrar tua memória e implorar tua proteção. Venho da Roma luminosa e perene seguindo a ti, que te fizeste romeiro nas pegadas de Cristo e trouxeste teu nome e tua voz até os confins do universo.

(Extrato da oração de sua Santidade o papa João Paulo II diante do túmulo do apóstolo São Tiago.)

São João Batista

Evangelista
Dia 24 de junho

João Batista pregou no deserto e muitos o seguiram até as margens do rio Jordão, onde eram banhados por ele para se limparem de seus pecados. Mesmo quando a existência de Jesus de Nazaré ainda não era conhecida, ele anunciava a sua chegada e a redenção dos homens.

Um dia Jesus foi receber o batismo de João, mas este se negou a batizá-lo, pois ele era o verdadeiro Mestre. Disse a Jesus que ele era quem deveria batizá-lo, mas João acabou por realizar o batismo diante do anúncio de Deus: "Este é o meu filho muito amado, meu predileto". A partir de então a missão pública de Jesus começou. João tinha seus próprios discípulos, muitos dos quais passaram a seguir Jesus que estimava muito João Batista, que segundo o Evangelho de Lucas chegou a referir-se a ele dizendo: "Não surgiu entre os nascidos de mulher ninguém maior que João Batista".

Com sua retidão, Batista denunciou a união adúltera de Herodes Agripa com Herodíades, a mulher de seu irmão. Ela, ante as críticas de um homem tão respeitado pelo povo, se sentiu humilhada e idealizou um plano para matá-lo. Durante um jantar ordenou a sua filha, uma jovem muito bela, que dançasse para Herodes e, quando ela o fez, conforme era o costume, Herodes concedeu-lhe como recompensa a realização de um desejo. Aconselhada pela mãe a jovem pediu a cabeça de São João Batista e, apesar de o governador respeitar João porque seus discursos o fascinavam, cumpriu sua palavra e mandou decapitá-lo.

Oração

Gloriosíssimo São João Batista, precursor do meu Senhor Jesus Cristo, belo luzeiro do sol maior, trombeta do Céu, voz do verbo eterno, sois o maior dos santos e estandarte do Rei da Glória. Filho mais da graça que da natureza e príncipe poderosíssimo no Céu. Concede-me como favor a libertação de meus pecados para a minha salvação. Amém.

São Paulo

Apóstolo e patrono da imprensa católica e dos teólogos
Dia 29 de junho

São Paulo nasceu em Tarso, na região da Cilícia, durante a primeira década da era cristã, e recebeu como nome Saulo, em honra ao primeiro rei judeu da história. Paulo se converteu em um fariseu ardoroso. Odiava os cristãos e os perseguia com fúria, tendo participado ativamente do martírio de Santo Estêvão.

Um acontecimento grandioso acabou por mudar completamente sua vida. No ano de 36, Paulo se apresentou diante das autoridades judias oferecendo-se para realizar uma campanha destinada a eliminar os cristãos. Quando seguia a caminho da sinagoga de Damasco para iniciar a perseguição, viu no céu uma forte luz que o deixou cego, e ouviu uma voz que dizia: "Saulo, Saulo, por que me persegues?". Consternado, compreendeu que era o Deus único e verdadeiro que se dirigia a ele.

Ao chegar a seu destino se apresentou diante dos cristãos que o recusaram em seu meio. Mas um dentre eles supôs que a conversão de Paulo era autêntica e o ajudou. Paulo teve de sofrer a perseguição dos judeus ocultando-se em Jerusalém com a ajuda dos apóstolos Barnabé e Pedro. Com o primeiro partiu em sua primeira missão evangelizadora a Antioquia, a qual se converteu no principal centro religioso dos cristãos e onde surgiu a denominação "cristão" para os seguidores de Cristo. Os discípulos de Jesus, que eram judeus, acreditavam que seu Mestre viera à terra para a salvação do seu povo. Foi Paulo quem explicou que Cristo encarnou-se para salvar não somente os judeus, mas a humanidade inteira. No ano de 67, os soldados romanos capturaram Paulo e Nero ordenou a sua morte.

Oração

Glorioso apóstolo São Paulo, vaso escolhido do Senhor para levar o seu santo nome por toda a terra. Pela paciência com que sofreste perseguições, cárceres, açoites, cadeias, tentações, naufrágios e, sobretudo, por aquela prontidão com a qual te rendeste à voz de Cristo no caminho de Damasco, rogo-te que consigas do Senhor que eu imite teus exemplos, lutando contra minhas paixões, sem apego algum às coisas temporais e com apreço às coisas eternas.
Amém.

São Pedro

Apóstolo e patrono dos pescadores
Dia 29 de junho

São Pedro nasceu em Betsaida, Galileia. Seu nome era Simão, mas Jesus mudou-o para Pedro. De origem humilde, trabalhava como pescador no lago de Genesaré com seu irmão André para a família de Zebedeu. Ambos eram amigos dos apóstolos São Tiago e São João. Atraído pela Palavra de Deus, converteu-se em discípulo de São João. Certa vez, quando Pedro estava pescando, o Mestre apareceu acompanhado de uma grande multidão. O dia de pesca resultara infrutuoso para o apóstolo, era como se os peixes tivessem desaparecido do lago. Estava disposto a recolher as redes quando Jesus pediu-lhe que adentrasse no lago com seu barco, e Pedro assim o fez.

O Mestre pediu que lançasse novamente as redes ao que Pedro prontamente obedeceu. No mesmo instante as redes se encheram de peixes e Pedro, sabendo quem era Jesus, confessou-lhe humildemente que era um pecador. Respondeu-lhe Jesus: "Não temas, Simão, de hoje em diante serás pescador de homens". Pedro aceitou o chamado e, com o tempo, cumpriu a promessa. A partir de então Jesus passou a chamá-lo "a pedra da Igreja", daí a mudança de seu nome para Pedro, e colocou-o como a cabeça dos apóstolos. Quando Cristo foi apresentado no pretório, uma escrava denunciou Pedro como sendo um de seus seguidores e, ao ser interrogado, ele negou conhecer Jesus por três vezes, conforme o próprio Mestre havia anunciado na Última Ceia. Por esse ato de debilidade derramou amargas lágrimas de arrependimento.

Com a morte de Jesus, Pedro evangelizou e foi bispo da Igreja de Antioquia e da Igreja de Roma. Nessa cidade foi capturado com São Paulo no dia 29 de junho de 67, e foi condenado a morrer na cruz. Pediu que o crucificassem de cabeça para baixo para não imitar a morte do inimitável.

Oração

A Ti Senhor, invocando a São Pedro, príncipe dos apóstolos e cabeça do povo da aliança, Te pedimos que por sua intercessão nos concedas um amor profundo à Tua Igreja e a sua cabeça visível, o Teu representante na terra, o pontífice romano.
Por Jesus Cristo, nosso Senhor.
Amém.

Maria Madalena

Patrona do caminho de Santiago
Dia 2 de julho

Maria Madalena nasceu em Magdala, por isso, nos Evangelhos, é chamada assim. Alguns Evangelhos fazem referência a uma irmã de Lázaro, também chamada Maria e residente em Betânia. No início pensou-se que ambas poderiam ser a mesma pessoa; hoje são consideradas pessoas diferentes. Maria Madalena era a mulher mais próxima do Mestre. Sua proximidade de Jesus é um exemplo da infinita misericórdia e bondade do Senhor, e ensina que todo pecador arrependido é tão bem acolhido e amado como o mais reto dos homens. Segundo a tradição canônica, ela é a mulher adúltera que Jesus salvou de ser lapidada, tendo depois expulsado de seu corpo sete demônios. Esse episódio foi relatado no Evangelho de São João. Quando Jesus seguiu para a Galileia, um grupo de mulheres, com Maria Madalena à frente, deu-lhe alojamento e comida. Foi ela quem enxugou com seus cabelos os pés do Mestre, e também quem presenciou a ascensão do Senhor com outras mulheres.

Durante séculos o calendário litúrgico designou-a como "penitente". Em sua festividade, lia-se uma passagem do Evangelho de Lucas na qual se fala de uma mulher pecadora. Mas em 1969, o papa Paulo VI retirou do calendário litúrgico tal apelativo e a Igreja deixou de considerá-la uma prostituta arrependida.

Segundo uma tradição da Igreja ortodoxa, depois da morte de Jesus, Maria Madalena foi pregar em Roma. Na capital romana, apresentou-se diante do imperador Tibério e, segurando na mão um ovo de galinha, disse: "Cristo ressuscitou!". Zombando dela Tibério disse ser isto tão improvável como o ovo tornar-se vermelho; no mesmo instante, a casca adquiriu esta coloração. Isso leva a crer que este acontecimento está na origem da tradição de pintar ovos durante a Páscoa.

Oração

À imitação da grande Santa Maria Madalena, vimos em espírito de amor oferecer a Jesus, presente na Santa Missa, o tesouro de nossos louvores. Fazemos-lhe companhia a exemplo das irmãs Marta e Maria, e adornamos seu altar com esse elevado espírito de fé que não teme o escândalo farisaico, com todo o esplendor que convém à casa de Deus.

Amém.

Santa Verônica

Patrona de Mercatello e Castello, protetora
contra as enfermidades eruptivas
Dia 9 de julho

Santa Verônica nasceu em 1660, em Mercatello, Itália, no seio de uma família nobre com o nome de Úrsula Giuliani. Úrsula sentiu que sua vocação era dedicar-se ao serviço do Altíssimo em um convento. Podemos ler em seu diário: "Lendo a vida de alguns santos mártires senti grande desejo de padecer. Entre os tormentos que eles padeceram estava o de serem queimados. Ao ouvir isso, também senti desejos de ser queimada por amor a Jesus, tanto que, encontrando-nos no inverno, pus uma mão no braseiro. Todos em casa choravam, mas eu não me lembro de ter derramando uma única lágrima".

Aos 17 anos enfrentou seu pai, que desejava casá-la com um suposto cavaleiro, e ingressou no convento das clarissas capuchinhas de Città di Castello, na Úmbria. No mosteiro, recebeu o nome de Verônica. O bispo que recebeu as noviças nesse dia disse à abadessa que deixava especialmente a seus cuidados a irmã Verônica, porque algum dia ela seria uma grande santa.

Verônica passou por todos os ofícios do convento: trabalhou na cozinha, na dispensa e na enfermaria; foi sacristã, mestra de noviças e abadessa do convento. Seus êxtases a elevavam ao céu. Impunha a si mesma penitências duríssimas nas quais não encontrava dor alguma senão alegria, e em seu corpo trazia os estigmas da Paixão de Cristo. No Sábado Santo de 1727, sentiu como se seu coração se transformasse no conjunto dos objetos que levaram a cabo a Paixão de Jesus Cristo. Ao morrer em 9 de julho desse mesmo ano, os médicos foram testemunhas do milagre: o coração de Verônica imitava as formas de cravos, martelos, cordas e outros instrumentos da Paixão.

Oração

Santa Verônica bendita,
faze que o fruto de meu
trabalho aumente e o êxito
me acompanhe;
queiram-me bem os meus
seguidores e minha
pessoa; e minha arte se
gravem em suas mentes
como a santa face de
Cristo se gravou em ti
para sempre. Por favor,
escuta minhas súplicas,
Santa Verônica, a ti que
o Senhor deu os mais
diversos trabalhos dentro
de sua casa, a ti que Deus
fez responsável de vários
afazeres, pede
ao Misericordioso e
Bondoso que tenha
piedade de minha vida.
Amém.

São Cristóvão

Mártir e patrono dos motoristas
Dia 10 de julho

São Cristóvão nasceu no século III, na região de Canaã, entre o mar Mediterrâneo e o rio Jordão. Sua estatura gigantesca chamava a atenção, de modo que dadas suas condições físicas ofereceu sua força ao imperador de Roma.

Não sabia rezar e, por sua estatura, não podia jejuar, por isso decidiu levar sobre seus ombros os peregrinos que trafegavam de uma margem para outra do rio. Um dia, um menino pediu-lhe que o levasse, e ele pensou que seria um trabalho fácil, mas, quando colocou-o sobre os ombros, seu peso lhe envergava. Intrigado perguntou ao menino quem era ele e este lhe respondeu que era Jesus e que levava consigo os pecados de todos os homens. Dito isso, ali mesmo o batizou com o nome pelo qual o santo é conhecido hoje. A partir desse episódio, ele percorreu as cercanias como evangelizador até que o imperador Décio mandou que fossem profanadas as igrejas e obrigou os cristãos a adorarem deuses pagãos. Cristóvão negou-se a adorar outro deus que não o Deus verdadeiro, razão pela qual o prefeito de sua terra ordenou que fosse submetido a diversos tormentos. De todos eles Cristóvão saiu milagrosamente ileso. Quando o prefeito ordenou que disparassem flechas sobre ele nenhuma conseguiu atingi-lo, mas sim acabou ferindo um olho do prefeito. O mártir disse-lhe que, depois de ser decapitado, poderia usar seu sangue para untar os olhos. O prefeito assim o fez e, ao ver que seu olho havia sido curado milagrosamente, abraçou o cristianismo.

O processo de canonização de São Cristóvão não foi fácil, pois os escassos testemunhos históricos se mesclavam com as lendas. Em 1969, o calendário litúrgico foi revisado e São Cristóvão foi excluído do Santoral, mas o direito à sua veneração foi respeitado como também sua representação iconográfica.

Oração

Dá-me, Senhor, mão firme e olhar vigilante para que os meus passos não causem dano a nada. Faze, Senhor, que eu não seja arrastado pela vertigem da velocidade e que, admirando a formosura do mundo, logre continuar e terminar meu caminho com toda felicidade. Isto peço-te, Senhor, pelos méritos e intercessão de São Cristóvão, o patrono dos motoristas. Amém.

São Bento

Primeiro fundador de uma ordem religiosa
Dia 11 de julho

São Bento nasceu em Núrsia, Itália, no ano de 480, junto de sua irmã gêmea, Santa Escolástica. A Itália estava livre do Império Romano, de modo que seus pais puderam consagrar Escolástica a Deus e enviar Bento à escola de letras de Roma. Sua consciência madura levou-o a renunciar aos prazeres temporais e seguir o caminho da satisfação eterna. Partiu de Roma e retirou-se para uma gruta solitária acompanhado por um monge. Desde então, começou a evangelizar todos que dele se acercavam. Certo dia, uma mulher tentou-o carnalmente, mas o santo jogou-se sobre espinhos. Essa vitória sobre a tentação atraiu-lhe centenas de discípulos com os quais ocupou um mosteiro. Mas seus jovens seguidores não possuíam a retidão necessária, o santo, então, decidiu abandoná-los e voltar a retirar-se em sua gruta. Posteriormente grande número de homens seguiu seu exemplo a ponto de erigir doze mosteiros.

Tempos depois São Bento partiu para Cassino, um forte estabelecido no sopé de um monte onde existia um templo pagão dedicado ao deus Apolo. São Bento destruiu o altar e, em seu lugar, construiu um oratório dedicado a São João e outro a São Martinho. Construiu finalmente um mosteiro e criou a Ordem dos Beneditinos.

São Bento é o patrono da Europa; seus frequentes milagres foram narrados no segundo capítulo do *Livro dos Diálogos*, obra do papa São Gregório Magno. Nesse texto foram recolhidos os testemunhos de quatro de seus discípulos, entre os quais citam o anúncio da morte de vários companheiros e de sua irmã, que lhe enviou uma pomba para avisá-lo de sua morte. Também anunciou a sua própria morte seis dias antes de ocorrer, a 21 de março de 248.

Oração

Santíssimo confessor do Senhor, pai e chefe dos monges, intercede por nossa saúde. Retira desse lar os ardis do espírito maligno e livra-nos das funestas heresias, das más línguas e da bruxaria. Por favor, pede ao Senhor que remedie nossas necessidades espirituais e corporais. E, por favor, pede também pelo progresso do meu coração cristão e para que minha alma não morra no pecado mortal. Assim, confiado à tua poderosa intercessão, eu possa algum dia no Céu cantar os eternos louvores. Por Jesus Cristo, nosso Senhor, que está na Glória do Céu. Amém.

Santa Marina

Mártir
Dia 18 de julho

Santa Marina nasceu em 119 em Balcagia, atual Baiona, Espanha. Era filha de Lúcio Castelio Severo, governador romano da Galícia e Lusitânia. Certo dia, o governador saiu em viagem e, em sua ausência, nasceu Marina e outras oito irmãs, todas de um mesmo parto. Sua mãe, temendo que o marido não acreditasse no nascimento das nove filhas de uma única vez, com receio de ser acusada de adultério, ordenou à sua fiel criada Sila que lançasse as recém-nascidas no rio Minho. Sila, que era cristã, não cumpriu a ordem e distribuiu as pequenas em diferentes casas de amigos. São Ovídio batizou as nove filhas do governador, e as meninas foram educadas na religião cristã.

O governador, ao inteirar-se da história das crianças, ofereceu-lhes o cuidado e os luxos que lhes correspondiam por nascimento em troca de renunciarem à religião cristã, mas as jovens negaram-se e foram enviadas à prisão. Pouco depois, conseguiram escapar e se dispersaram, mas Marina foi capturada novamente e, em 18 de janeiro de 129, depois de sofrer um penoso martírio, morreu decapitada. No lugar onde caiu sua cabeça brotaram três mananciais de águas milagrosas.

Oração

Santa de Misericórdia, nosso exemplo, segurança e fortaleza para os trabalhos interiores, exteriores e espirituais que nos rodeiam. Voltai vossos olhos para as nossas misérias e aflições, consolai-nos a todos nós que vos veneramos, consolando os aflitos, dando saúde aos enfermos, suavizando nossos males, alcançando-nos o perdão de nossos pecados, graças ao Santíssimo Senhor nosso. Amém.

Santa Justa

Mártir e patrona dos oleiros
Dia 19 de julho

Santa Justa nasceu em Sevilha, em 268, quando a cidade estava sob o domínio do Império Romano. Com sua irmã Rufina dedicou-se à arte da cerâmica. As jovens se educaram na religião cristã apesar do clima de perseguição reinante na época.

Conta a lenda que, em 287, os romanos preparavam a comemoração do falecimento do deus Adonis e, para angariar fundos, pediram a colaboração dos sevilhanos. Algumas mulheres que carregavam uma estátua de Vênus chamaram Justa e Rufina à porta do ateliê, mas elas não só se negaram a colaborar como também destruíram a estátua. Como consequência foram encarceradas. Durante o julgamento insistiram para que as duas jovens negassem a fé cristã sob a ameaça de martírio. As irmãs mantiveram-se fiéis à sua crença e foram levadas novamente à masmorra, privadas de comida e água. Como suportassem o castigo com integridade, o prefeito romano ordenou que caminhassem descalças até Serra Morena. Mesmo debilitadas pelos maus-tratos e a falta de alimento, conseguiram alcançar a montanha, vitória que as levou novamente à masmorra, onde Santa Justa morreu.

Oração

Rio que fecunda a terra, sangue que flui do Calvário no silêncio do universo.
Estimados mártires, aclamai vossa felicidade aos homens sem esperança.
Levai-lhes a esperança de que só o amor é a força do mundo,
o amor que flui do coração do Senhor. Amém.

Santa Cristina

Virgem e mártir
Dia 24 de julho

Santa Cristina nasceu no século IV, na Toscana, Itália. Seu pai, Urbano, era o prefeito da região e grande perseguidor de cristãos. Cresceu vendo seu pai aniquilar esses seguidores de Cristo que, frequentemente, preferiam a morte a venerar os deuses romanos. Esta fortaleza, que nascia da fé mais absoluta, fê-la buscar às escondidas informações sobre essa religião proibida. Algumas mulheres cristãs lhe contaram a vida de Jesus. Então pôde compreender a força que guiava os cristãos que enfrentavam o martírio, e decidiu organizar secretamente o seu batismo, durante o qual mudou seu nome para Cristina.

Conta a história que seu pai tinha uma requintada coleção de figuras de ouro que representavam as divindades romanas. Certo dia, Santa Cristina, desejosa de fazer um grande donativo aos cristãos, mandou fundir as estatuetas. Quando seu pai soube, trancou-a na câmara de torturas e aplicou-lhe os piores tormentos, mas, milagrosamente, as feridas da jovem desapareceram. Urbano faleceu e um novo governador assumiu seu cargo. Ele considerou que os castigos de seu antecessor haviam sido muito leves e determinou-se em acabar com a vida de Cristina. Depois de numerosas provas dolorosas, colocou-a diante da estátua do deus Apolo para que o adorasse. Prodigiosamente, a estátua partiu-se em pedaços sobre o governador causando sua morte. Mal o novo governador assumiu o cargo, já traçara um plano para converter Cristina ou, caso não conseguisse, matá-la. Fechou-a numa cela cheia de serpentes venenosas, mas a jovem saiu ilesa; cortou-lhe a língua, mas ela continuou falando de Deus. Por fim, atravessou o corpo da jovem com lanças e Cristina, finalmente, pôde oferecer seu espírito ao Senhor.

Oração

Virgem Amada e mártir, Santa Cristina, tu bem conheces as necessidades que colocamos sob vossa poderosa intercessão. Rogo-te que intercedas por nós e nos alcances a perseverança na fé, a fortaleza em nossa esperança e fortaleças nossa caridade. Por Jesus Cristo, nosso Senhor. Amém.

São Joaquim

Pai da Virgem Maria e patrono dos mineiros
Dia 26 de julho

São Joaquim nasceu em Nazaré, a oeste do mar da Galileia. Foi esposo de Santa Ana e pai de Maria, a Virgem Santíssima. Tanto o santo quanto sua mulher pertenciam a uma família abastada, já eram idosos e não tinham filhos. Certo dia, Joaquim apresentou-se no Templo disposto a oferecer um sacrifício, mas um dos sacerdotes impediu-o dizendo que os homens sem descendência não eram dignos de serem admitidos naquele local sagrado. Extremamente entristecido, o santo dirigiu-se à montanha e lá orou com fervor a Deus rogando-lhe que sua esposa engravidasse. Enquanto isso, sua esposa, sabendo da razão de sua ausência, também suplicou a Deus um filho, prometendo que dedicaria toda sua vida a seu serviço. As súplicas de ambos chegaram até os Céus. Um anjo apresentou-se diante de Ana e disse-lhe: "Ana, o Senhor viu suas lágrimas, tu conceberás e darás à luz, e o fruto do teu ventre será bendito em todo o mundo". Depois se apresentou também diante de Joaquim e lhe fez a mesma promessa.

O casal regressou a Nazaré e tiveram uma filha, Maria, que depois foi escolhida para ser a mãe de Jesus. A última notícia sobre o santo é que faleceu em seu povoado natal.

Oração

Bem-aventurados sois vós, santos Joaquim e Ana, por haverem dado a toda humanidade uma criança bendita que alcançou a mais alta dignidade que poderia ter uma criatura, pois veio a ser a Mãe do Deus feito homem. Vós sois os pais da Mãe de Deus, que nos deu por graça divina nosso salvador Jesus Cristo. Amém.

Santa Ana

Patrona das mulheres trabalhadoras e dos mineiros
Dia 26 de julho

Segundo a tradição, Santa Ana nasceu na Galileia, mas passou grande parte de sua vida em Jerusalém. Era casada com Joaquim e formavam uma família rica e poderosa, porém sem filhos. Um anjo disse-lhe que conceberia e que a criança seria reconhecida e bendita por todo o mundo.

Ana deu à luz em sua casa e a menina que nasceu foi chamada Miriam (Maria). No lugar onde aconteceu este fato, um milênio depois, foi erguida a basílica de Santa Ana, em Jerusalém. Ela consagrou sua filha Maria no Templo de Jerusalém, cumprindo o prometido a Deus. Pouco depois das bodas de Maria com José, seu esposo faleceu e Ana ficou só. Os suplícios que sua filha suportou com a paixão e morte de Jesus marcaram Ana profundamente.

Por seu grande cuidado na educação da mãe do Redentor foi eleita padroeira das mulheres trabalhadoras; também é reconhecida como patrona dos mineiros, pois sua descendência, Jesus e a Virgem Maria, pode ser comparada a uma emanação de ouro e prata.

Oração

Gloriosa Santa Ana, padroeira das famílias cristãs, a ti consagro meus filhos. Sei que os recebi de Deus e que a Deus pertencem, portanto te rogo conceder-me a graça de aceitar o que sua Divina Providência dispor sobre eles. Abençoai-os e tomai-os sob tua proteção. Amém.

Santa Marta

Padroeira dos anfitriões e dos hoteleiros
Dia 29 de julho

Santa Marta nasceu no século I e foi conterrânea de Jesus. Vivia em Betânia, povoado próximo a Jerusalém, com seus irmãos mais novos, Maria e Lázaro. Jesus elegeu essa cidade como lugar de descanso, e Marta convidou-o para se hospedar com eles em sua casa. Ela dedicou-se a servi-lo dia e noite, enquanto sua irmã, Maria, entregava-se à contemplação aos pés de Cristo.

Marta, ressentida, queixou-se a Jesus que não era correto Maria passar o dia ao seu lado. Jesus explicou-lhe que a contemplação era sagrada e necessária para se alcançar a salvação eterna. Jesus não deu a entender que a atitude de Maria era mais valorosa que a de Marta, porém que cada trabalho tem seu sentido, pois a dedicação de Marta permitia a contemplação de sua irmã, e sem a sua dedicação Jesus teria ficado sem cuidados.

Seu irmão Lázaro encontrava-se doente e suas irmãs mandaram avisar Jesus. À chegada do Mestre, Marta saiu para recebê-lo enquanto Maria permaneceu junto de seu irmão doente. Vindo Lázaro a falecer Jesus disse a Marta que o ressuscitaria com estas palavras: "Eu sou a ressurreição e a vida. Aquele que crê em mim embora morra, viverá". Marta também assistiu ao banquete de Simão, o leproso, preparado para Jesus.

Depois da ascensão de Cristo, Marta, sua irmã e outros batizados foram evangelizar a França, e a santa permaneceu nesse país em penitência até os seus últimos dias. Dessa época contam-se muitas lendas. Dentre elas, a morte de um monstruoso dragão diante de seus pés; por essa razão, às vezes a santa é representada sobre um desses animais fantásticos.

Oração

Minha admirável Santa Marta, que tiveste o inefável cuidado de hospedar Jesus em tua casa. Abençoada é a tua casa de Betânia que, por tantas vezes, teve a presença do hóspede divino, e cujos moradores - tu e teus santos irmãos, Lázaro e Maria Madalena - foram muitas vezes agraciados com as visitas de Jesus, de sua mãe Maria Santíssima e dos apóstolos. Amém.

São Domingos de Gusmão

Fundador da Ordem dos Pregadores
Dia 8 de agosto

São Domingos de Gusmão nasceu em 1170, em Caleruega, Burgos, Espanha. Seus pais, o senhor Félix de Gusmão e a senhora Joana de Aza, eram descendentes da família real castelhana. Aos 7 anos de idade foi enviado para a escola paroquial de Gumiel de Hizán, onde o pároco, seu tio Gonçalo de Aza, iniciava os filhos das famílias nobres na carreira eclesiástica. Domingos viveu sob a tutela de seu tio até os 14 anos, mas a partir de então afastou-se da sua família para ingressar na escola de artes de Palência, na qual recebeu a tonsura e iniciou seus estudos de Teologia. Com 25 anos, Domingos já era sacerdote em Palência, catedrático e professor das Sagradas Escrituras.

Em 1205, Afonso VIII nomeou-o embaixador extraordinário para se apresentar diante da Corte danesa com o bispo de Osma e reparar o casamento do príncipe Fernando. Dessa forma, pôde viajar pela Europa, principalmente pela Dinamarca e Itália. Em Roma teve certeza de sua vocação evangelizadora. A Igreja francesa encontrava-se em uma situação crítica devido à heresia cátara e Domingos, ao terminar as suas visitas em 1206, combinou com Inocêncio III que permaneceria em Languedoc para converter os cátaros.

Fundou sua primeira congregação pregadora em 1214 e a chamou de Santa Pregação. Posteriormente, ergueu a primeira casa da Ordem Dominicana sob a Regra de São Domingos que, mais tarde, seria aprovada por Onório III, em 21 de janeiro de 1217. Pouco depois, esse pontífice confiou a ele a missão de salvar a Itália da mesma heresia que assolava a França. Domingos de Gusmão faleceu no convento de Bolonha, Itália, aos 51 anos, com a satisfação de saber que sua Ordem tinha cerca de setenta casas. A ele deve-se a tradição da oração do rosário.

Oração

Glorioso pai, São Domingos de Gusmão, escolhido por Deus para seus grandes desígnios no mundo e predileto da Rainha dos Céus, cujas glórias e amor publicastes e difundistes. Dai-nos, novamente, o triunfo da verdade sobre o erro e afastai o braço vingador da divina justiça sobre os pecadores. Por nosso Senhor Jesus Cristo. Amém.

São Lourenço

Mártir e padroeiro dos cozinheiros
Dia 10 de agosto

São Lourenço nasceu no século III em Huesca, Espanha. Foi um dos sete diáconos que serviram o papa São Sisto II, dando assistência e distribuindo ajuda aos pobres. O Império Romano era pagão e, em 257, o imperador Valeriano ordenou a primeira perseguição aos cristãos. A sede episcopal romana conseguiu escapar dessa perseguição, mas no ano seguinte o imperador determinou que acabassem com os eclesiásticos e com o papa romano. O exército arrasou a cidade e localizou o pontífice em 6 de agosto de 258, quando presidia uma missa campal. Com ele encontravam-se quatro diáconos e todos foram presos e martirizados. Lourenço, Felicíssimo e Agapito não estavam presentes, mas nesse mesmo dia os dois últimos foram capturados e também sofreram o martírio. São Lourenço salvou-se pela segunda vez e, consciente de que tinha poucos dias de vida, repartiu o ouro e a prata dos altares entre os pobres. Quando o encontraram ordenaram que entregasse os objetos de valor da Igreja, e São Lourenço pediu três dias para organizá-los. Empregou esse tempo para reunir os pobres e doentes que havia ajudado e apresentou-se diante do prefeito de Roma.

O prefeito a princípio não entendeu por que no lugar das joias e dos objetos valiosos São Lourenço trouxera consigo o povo pobre do império. O santo explicou-lhe que aqueles que se apresentavam diante dele eram o verdadeiro tesouro que a Igreja guardava. Esse ato enfureceu de tal forma a autoridade romana que São Lourenço, em vez de ser decapitado com seus companheiros, foi torturado de diversas formas no dia 10 de agosto de 258. Morreu queimado, mas, ao invés de sentir as dores do martírio, experimentou a felicidade em saber que logo estaria no Reino dos Céus, diante do Altíssimo.

Oração

Fortíssimo mártir São Lourenço, que testemunhaste o valor de ser cristão, abandonaste a comodidade de teu lar e foste a Roma com desejo de instituir ali o centro da religião cristã e de suas verdades. Roga a Deus que me ajude, graças às tuas boas obras, a viver a virtude que pede a fé em Jesus. Amém.

Santa Clara

Padroeira dos ourives e dos videntes
Dia 11 de agosto

Santa Clara nasceu em 11 de julho, em 1194, em Assis, Itália, na província de Perúgia. Desde muito pequena Clara dedicou-se à oração. Quando conheceu Francisco de Assis na catedral de São Rufino, em sua adolescência, sentiu-se identificada com sua espiritualidade e isso facilitou os planos do ingresso da jovem no mosteiro. Em 1212, fugiu de sua casa e dirigiu-se à Igreja da Porciúncula, residência da Ordem Franciscana dos Frades Menores. Na capela fez os três votos monásticos, trocou seu rico traje pelo hábito, cortou seus cabelos e dirigiu-se ao mosteiro beneditino de São Paulo. Sua família, que desejava casá-la com um nobre cavaleiro, tentou recuperá-la, mas Clara dissuadiu-os e mudou-se para outro mosteiro.

Sua irmã Inês ingressou no mesmo mosteiro pouco tempo depois e, mais tarde, outra irmã também a seguiu. Com a morte de seu pai, foi a vez de sua mãe unir-se a elas. As três negaram-se a seguir a Regra Beneditina e as monjas do mosteiro determinaram que elas não poderiam continuar na comunidade. São Francisco levou-as então ao mosteiro da igreja de São Damião e, assim, nasceu a segunda Ordem Franciscana, a Ordem das Clarissas, cuja regra foi confirmada por Inocêncio III em 1215.

Seu estilo de vida compreendia o trabalho dentro do claustro e saídas ao povoado para mendigar. Santa Clara converteu-se na abadessa de São Damião. Durante toda sua vida foi exemplo de humildade, vestindo um hábito áspero e dormindo num leito de palha. Encontrando-se enferma, sem poder mover-se, reunia forças para assistir às missas na Porciúncula, onde recebia a sagrada comunhão. Morreu a 11 de agosto de 1253, e seu corpo incorrupto descansa na basílica de Santa Clara de Assis.

Oração

Gloriosíssima virgem e digníssima mãe Santa Clara, espelho claríssimo de santidade e pureza, base firme da mais viva fé, incêndio de perfeita claridade, rica em virtudes, escuta-me: que com tua imensa piedade limpem-se nossas almas de suas manchas e culpas, e destituídas de todo efeito terreno sejam dignas do divino templo. Por favor, apresenta esta súplica diante de Deus, para sua maior glória e para nosso bem espiritual. Amém.

São Roque

Padroeiro dos pedreiros, e protetor dos cães e contra as epidemias
Dia 16 de agosto

São Roque nasceu no século XVI, em Montpellier, cidade francesa que pertencia ao reino de Maiorca. Seu pai era o rei de Maiorca. A juventude de Roque foi agraciada com uma excelente educação. Depois da morte de seu progenitor, ele recusou a coroa e repartiu sua fortuna entre os pobres. Acredita-se que Roque nasceu com uma cruz vermelha no peito, símbolo premonitório do que seria sua vida.

Despojado de seus bens, partiu para Roma. No caminho hospedou-se em hospitais, onde curou enfermos da peste somente fazendo o sinal da cruz sobre eles. Talvez Roque, sendo filho do rei, tenha cursado estudos de Medicina em Montpellier. Esteve por tanto tempo junto dos enfermos que acabou contagiando-se com a peste e acabou por retirar-se para não vir a contaminar outras pessoas. Um cão lhe levava todos os dias um pãozinho e lambia as chagas de seu corpo. O cão pertencia a um homem rico, Gottardo Pallastrelli, que, intrigado, seguiu o cão e descobriu São Roque moribundo. Levou-o para sua casa e cuidou do santo. Em troca, Roque contou-lhe a história de Jesus tal como é narrada nos Evangelhos.

Depois de recuperado da enfermidade, seu benfeitor entusiasmado com a palavra de Deus partiu em peregrinação e o santo regressou a Montepellier, sua cidade natal. Assim fez anonimamente, pois não queria regressar à vida palaciana. A enfermidade deixou-lhe sequelas profundas e encontrava-se tão desfigurado que foi difícil reconhecê-lo. Seu tio, o novo rei, mandou prendê-lo ao tomá-lo por espião. Com isso viveu alguns anos como recluso em seu próprio reino. Ao falecer pôde ser reconhecido e, desde então, recorre-se à sua intercessão contra as epidemias.

Oração

Oh glorioso São Roque, que por vosso ardente amor a Jesus abandonastes as riquezas e honras e buscastes a humilhação, ensinai-me a ser humilde diante de Deus e dos homens. Alcançai-me esta graça para vossa honra, glória de Deus e salvação de minha alma. Amém.

Santa Helena

Padroeira dos arqueólogos
Dia 18 de agosto

Santa Helena nasceu por volta do ano 247, em uma casa de propriedade de seus pais, em Daprasano, Nicomédia. Sua família era pagã e pobre. Durante a juventude presenciou a perseguição aos cristãos. A santa foi descrita como uma mulher inteligente e bondosa. Talvez tenham sido essas virtudes que levaram um valente general e prefeito do Pretório durante o governo de Maximiano a enamorar-se dela. Era um homem tão pálido que havia recebido o apelido de Cloro. Quando Helena tinha 23 anos, casaram-se e partiram para a Alemanha e Inglaterra. Quatro anos depois nasceu seu único filho, Constantino.

No ano de 292, Constâncio divorciou-se de Helena para se casar com a enteada de Maximiano, Flávia Maximiana Teodora. Os motivos que impulsionaram Constâncio foram de ordem política, pois, com esse matrimônio, ele estabeleceu laços com os membros da tetrarquia. A decisão de seu marido provocou uma profunda dor em Santa Helena. Mais dolorosa ainda foi a separação de seu filho Constantino, que passou a ser educado no palácio com seu pai.

No ano de 306, Constâncio Cloro faleceu, de modo que Constantino precisou travar diversas batalhas pelo trono. Na véspera de uma delas, a de Saxa Rubra, apareceu sobre o sol uma cruz com a legenda: "Com este signo vencerás". Constantino venceu e foi proclamado imperador; depois levou sua mãe para viver com ele em Tréveris, outorgando-lhe o título de imperatriz Augusta. Nessa posição, a santa influenciou o coração de seu filho para que suavizasse as leis bárbaras contra os delinquentes. Saía para visitar os cárceres e distribuía os bens dos quais podia dispor entre os pobres. Seus sábios conselhos e seu exemplo converteram seu filho ao catolicismo.

Oração

Santa Helena, ao abrir tua mente
e coração à luz do Evangelho
e encontrar o madeiro da Cruz,
tu te converteste em modelo
de todas as virtudes cristãs.
Ajuda-nos a romper as amarras
do pecado e voltar aos braços
de Deus, nosso pai. Amém.

Santo Agostinho

Bispo de Hipona e Doutor da Igreja
Dia 28 de agosto

Santo Agostinho nasceu em 13 de novembro de 354 em Tagaste, Numídia, na atual Argélia. Seu pai, Patrício, não era cristão, mas sua mãe, Santa Mônica, era uma cristã extraordinariamente piedosa. Aos 19 anos, graças à leitura de Cícero, interessou-se pela Filosofia. Nesse período, conheceu uma mulher com quem conviveu por quatorze anos e teve um filho chamado Adeodato. Seu maior desejo era alcançar à verdade, mas com o passar do tempo chegou à conclusão de que sua busca era inútil e caiu em um completo ceticismo.

Um dia, quando passeava pela praia tentando compreender o mistério da Santíssima Trindade, viu um menino brincando na margem próximo de um buraco. O menino levantou-se, correu até a água e encheu uma pequena caixa jogando o conteúdo no buraco. Assim fez várias vezes. A conduta da criança intrigou Santo Agostinho, de modo que lhe perguntou o que fazia. "Estou pegando toda a água do mar para colocá-la neste buraco", respondeu-lhe o menino. O santo, divertindo-se com isto, disse ao pequeno que o que tentava fazer era impossível. O menino respondeu-lhe: "Mais impossível é tentar compreender em tua mente pequena o mistério de Deus". Durante muitos anos, Agostinho debateu-se interiormente em sua incansável busca da verdade até que, no ano de 336, o santo decidiu dedicar-se às ideias cristãs. Renunciou à sua cátedra e retirou-se com sua mãe e alguns companheiros para uma localidade próxima de Milão. No ano seguinte, com 33 anos, foi batizado. Regressou em 338 para sua cidade natal, vendeu seus bens e repartiu o dinheiro entre os pobres, retirando-se, depois, para levar uma vida monástica com seus companheiros. Dessa experiência, nasceu a Regra Agostiniana. Foi nomeado bispo de Hipona e morreu a 28 de agosto de 430.

Oração

Amado santo, primeiramente tu estiveste centrado no homem e aderiste aos ensinamentos falsos. Finalmente, te entregaste à graça divina e passaste a ser um teólogo orante e centrado em Deus, em seu amor e na pregação. Ajuda a todos os teólogos em seus estudos sobre a verdade revelada. Ajuda-lhes a seguir sempre o magistério da Igreja em seus esforços por comunicar os ensinamentos da tradição de maneira que resulte atrativa ao mundo de hoje. Amém.

Santa Rosa de Lima

Padroeira da América, Peru e Filipinas
Dia 30 de agosto

Santa Rosa nasceu em Lima, em 1586. Desde jovem, dedicou-se a uma vida de piedade e virtude e, quando vestiu o hábito da Ordem Terceira de São Domingos, fez grandes progressos no caminho da penitência e da contemplação mística. É tida como defensora da cidade de Lima, pois graças a suas orações alcançou a morte do capitão dos piratas holandeses que iriam assolar a cidade.

Seu corpo é venerado na basílica dominicana de São Domingos em Lima. Foi beatificada por Clemente IX e declarada "Padroeira de Lima". Em 12 de abril de 1671, foi canonizada por Clemente X, nesse mesmo ano, foi declarada Padroeira da América e Filipinas. Em 10 de setembro de 1958, foi declarada Padroeira das Enfermeiras Peruanas pela Santa Sé Apostólica.

Oração

Gloriosa Santa Rosa de Lima, tu que soubeste o que é amar Jesus com um coração tão delicado e generoso, ensina-nos tuas grandes virtudes para que, seguindo teu exemplo, possamos gozar de tua proteção na terra e de tua companhia no céu. Amém.

ROSA
CORDIS MEI
TV MIHI
SPONSA
ESTO

Santa Rosália

Padroeira de Palermo e protetora contra as epidemias
Dia 4 de setembro

Santa Rosália nasceu em 1130, em Palermo, Itália, e viveu na corte da rainha Margarida e do rei Guilherme da Sicília, recebendo deles o monte Pelegrino. Era, pois, uma jovem virgem que pertencia à nobreza. Posteriormente retirou-se para a solidão do monte para se dedicar à oração e à penitência até sua morte, em 1160.

Em 1623, fez seu primeiro milagre. Apareceu em sonho a uma mulher enferma e lhe disse que fizesse uma peregrinação até o monte Pelegrino para encontrar seus restos mortais, com a promessa de que, em troca, recobraria sua saúde. A mulher empreendeu a missão um ano mais tarde e Santa Rosália lhe apareceu no monte para indicar-lhe o local onde se ocultava seu corpo. A mulher, então, organizou uma busca com o arcebispo de Palermo até encontrarem os restos mortais da santa. Nesse momento, produziu-se o milagre e a mulher ficou curada de sua enfermidade.

Oração

Por intercessão da admirável Santa Rosália, Tua filha bem amada, que deixando seus bens terrenos adentrou na solidão de uma gruta, onde praticou as mais severas penitencias em seu corpo, com o objetivo de oferecer tal sacrificio ao Altíssimo, rogamos, Senhor, que Te dignes ouvir nossas humildes súplicas. Por Jesus Cristo, nosso Senhor. Amém.

São Nicolas de Tolentino

Presbítero pregador e padroeiro das almas santas
Dia 10 de setembro

São Nicolas de Tolentino nasceu em 1245, na região das Marcas, Itália. Desde pequeno escutou a palavra de Deus e, sendo ainda muito jovem, foi escolhido para o cargo de cônego, mas seu espírito de entrega lhe impulsionava a converter-se em pregador; por isso, ingressou na Ordem de Santo Agostinho. Tolentino passou seus últimos trinta anos pregando a palavra de Deus pelas ruas, com sermões tão eloquentes que as conversões se multiplicavam. Realizou numerosos milagres de cura tocando as pessoas enfermas com suas mãos. O mais conhecido é o dos pães abençoados pela Virgem Maria, que repartiu entre os doentes para que se curassem.

Morreu em 1305. Quarenta anos depois descobriram que seu corpo achava-se incorrupto. Amputaram-lhe ambos os braços, dos quais brotou uma grande quantidade de sangue. Esses membros incorruptos estão conservados em relicários e periodicamente voltam a verter sangue.

Oração

Glorioso São Nicolas de Tolentino, taumaturgo e protetor das almas do Purgatório. Com todo afeto de minha alma rogo-te que interponhas tua poderosa intercessão a favor dessas almas benditas, conseguindo da divina clemência o perdão de todos os seus pecados e suas penas, para que saindo desse tenebroso cárcere de dores possam gozar da visão beatífica de Deus no Céu. E, a mim, teu devoto servo, alcança-me a mais viva compaixão. Amém.

SCS·NICHOLAVS DETOLETINO
EGO PAT
RIS MEI A
VGVSTIN
I PRECEP
TTA SERV
AVI ET
MANEO
INEIVS
DILECTIO

São João Crisóstomo

Padroeiro dos pregadores
Dia 13 de setembro

São João Crisóstomo nasceu em Antioquia, Síria, atual Turquia, em 347. Desde muito jovem, o santo possuía qualidades de orador, daí o nome de Crisóstomo, "boca de ouro". Estudava com Libânio, um grande orador pagão, quando um encontro com o bispo Meletio fez a sua vida mudar: desde então sua casa converteu-se em seu "mosteiro" e passou a dedicar-se à Teologia e à oração. Depois da morte de sua mãe, encerrou-se em uma gruta para limpar sua alma mediante a penitência. Transcorridos quatro anos, sua saúde viu-se prejudicada pelos contínuos jejuns, a tal ponto que um velho anacoreta aconselhou-lhe que se quisesse ser realmente útil pregando a Palavra do Senhor teria que se recuperar. João seguiu o conselho do ancião e se ordenou sacerdote.

Seus discursos eram escutados pelo povo emocionado devido à sua beleza, e chegaram aos ouvidos do imperador, o qual o nomeou arcebispo da cidade. Em seus discursos criticava o luxo e incentivava a oração e a esmola. Estas ideias enfureceram a imperatriz, que amava as riquezas do palácio, e ela ordenou seu exílio. O povo levantou-se em protesto quando soube da partida de João e, por casualidade divina, nesse mesmo momento acorreu um grande terremoto. Isso foi suficiente para que a imperatriz, assustada, pedisse que o santo continuasse com seus sermões. Um dos mais emblemáticos foi o *Discurso das Estátuas*. Foi escrito em função de uma disputa entre o imperador e o povo e, ao apresentar os vinte discursos que o constituíam, conseguiu que ambas as partes alcançassem um acordo e vivessem em paz.

Faleceu na costa oriental do mar Negro, em uma ermida de Comano. Seus restos foram transladados para a basílica de São Pedro no Vaticano.

Oração

A oração é a luz da alma, verdadeiro conhecimento de Deus, mediadora entre Deus e os homens. Por ela nosso espírito, elevado até o Céu, abraça Deus com abraços inefáveis, por ela nosso espírito espera o cumprimento de seus próprios anseios e recebe os bens que superam todo o natural e visível. Sempre digo a alguém: roga a Deus, pede-Lhe, suplica-Lhe; mesmo que não recebas pede para conseguir e, quando tiveres conseguido, agradeça-Lhe. Amém.

Santa Eufêmia

Mártir
Dia 16 de setembro

Santa Eufêmia nasceu em 289, na Calcedônia, próximo a Istambul. Era filha de um senador influente, Filofronos, e de sua mulher, Teodósia. Conta a tradição que, em 303, Prisco, governador da Calcedônia, organizou sacrifícios para a divindade de Ares nos quais deveriam comparecer toda a população. Para não render culto a um deus pagão, Eufêmia e outros cristãos esconderam-se em uma casa, mas foram descobertos e presos por desobedecerem às ordens do governador. Todos se negaram a fazer os sacrifícios requeridos e Eufêmia, a mais jovem, foi separada de seus companheiros. Esperava-se com isto enfraquecer seu espírito. A santa, submetida às torturas, entre elas a roda, tal e como figurada em sua iconografia, mostrou firmeza e devoção. Morreu na arena pelas feridas provocadas por um urso selvagem, apesar de a tradição representá-la enfrentando os leões.

Quando Dioclesiano partiu, o povo passou a venerá-la como virgem e mártir erguendo uma catedral em sua honra, local onde foram colocados seus restos. Um século depois, nessa catedral celebrou-se o Concílio da Calcedônia, do qual, prodigiosamente, a santa participou. Disputava-se entre os princípios do monofisismo e da ortodoxia e, como a assembleia não chegasse a um acordo, decidiram que a santa lhes comunicaria a solução.

Os dois grupos colocaram um documento descrevendo sua fé sobre o peito de Santa Eufêmia e fecharam o sarcófago. O recinto foi submetido à vigilância e, passados três dias, levantaram a tampa da tumba. Viram que a santa tinha em suas mãos o papel dos ortodoxos. A seus pés estava o escrito monofisista. Desde então foi escolhida como protetora da ortodoxia.

Oração

Santa Eufêmia, te rogamos, pede ao Senhor Jesus, Redentor da humanidade, que derrame o Espírito Santo sobre nossa paróquia, nossos batizados, para que nossa fé seja renovada. Fortaleça nossa débil esperança, e nos livre de todo o mal e de todo o pecado. Intercede por nós. Amém.

Santa Hildegarda de Bingen

Abadessa e padroeira da medicina natural
Dia 17 de setembro

Santa Hildegarda nasceu em 1098 em Bermersheim, um povoado alemão às margens do Reno. Ela era a caçula de dez irmãos de uma família nobre e seus pais a puseram ao serviço do Senhor quando ainda era pequena. Ficou reclusa em um mosteiro masculino que acolhia um grupo de mulheres sob a direção da superiora Jutta. No mosteiro deram-lhe uma educação rudimentar. Era uma criança frágil e enferma, tinha problemas para caminhar e seus olhos não podiam fazer grandes esforços. Com a morte de Jutta, as monjas elegeram Hildegarda como a nova abadessa. A comunidade cresceu e abriu, próximo ao rio Reno, o mosteiro de Rupertsberg, o primeiro mosteiro de monjas autônomo.

Devido à sua saúde frágil, participava pouco nas tarefas comunitárias e passava muito tempo só, o que lhe permitiu desenvolver uma intensa vida interior. Com 42 anos teve visões muito vívidas e contínuas e recebeu o encargo de descrevê-las. Realizou algumas viagens dedicadas à pregação e, um ano antes de morrer, teve a oportunidade de demonstrar a fortaleza de seu espírito. No cemitério próximo ao seu mosteiro, um jovem excomungado havia sido enterrado e a autoridade eclesiástica exigia a retirada de seu corpo do lugar; mas a santa, sabendo da reconciliação do jovem com a Igreja antes de morrer, recusou-se a remover o corpo do rapaz e assim foi feito.

Hildegarda faleceu aos 81 anos. Diz-se que aproximando a hora de sua morte apareceram no Céu dois arcos muito brilhantes e de diferentes cores em forma de cruz.

Oração

Espírito Santo, dá-me conta de tua presença e dos incontáveis santos para que assim possamos entoar o Ofício Divino com amor. Concede-me, como à Santa Hildegarda, que as palavras de minha boca e a meditação de meu coração sejam aceitas diante de Tua presença. Senhor, abre nossos lábios e nossa boca te louvará. Amém.

São Mateus

Apóstolo e evangelista
Dia 21 de setembro

São Mateus nasceu na época de nosso Senhor e residiu em Cafarnaum. Em alguns Evangelhos é também conhecido como Levi, filho de Alfeu. Ao converter-se ao cristianismo mudou seu nome para Mateus, que significa "dom de Deus". Era cobrador de impostos, ofício odiado pelos judeus, pois o valor coletado era destinado aos cofres romanos. Mateus cobrava pedágio dos que retiravam água de um lago frequentado por Jesus. Assim, em muitas ocasiões pôde vê-lo realizar milagres. Sua conversão ocorreu no dia em que Jesus aproximou-se dele e lhe disse: "Vem e segue-me". O evangelista abandonou sua próspera posição e se uniu ao Mestre.

Para celebrar sua mudança de vida, convidou seus amigos para um almoço em sua casa tendo Jesus como convidado de honra. Reuniram-se os companheiros de Mateus e os apóstolos; participaram da ocasião pecadores e santos. Os mais devotos se escandalizaram, mas Jesus disse que não viera ao mundo para salvar os santos e, sim, os pecadores. Mateus se converteu em um dos doze apóstolos.

Depois da ressurreição de Cristo, Mateus recebeu 39 chibatadas, como os demais apóstolos, por comunicar que o Salvador ressuscitara, fato que deu início à perseguição dos cristãos. Emigrou para a Etiópia, evangelizou o povo dessa terra e levou uma vida austera. Conta a história que o sucessor do rei da Etiópia queria casar-se com a filha de seu predecessor, mas ela consagrara sua virgindade a Deus. O rei ordenou que Mateus intercedesse para que a jovem mudasse de opinião, mas o santo se negou, o que lhe valeram o martírio e a morte. Seu Evangelho é um escrito breve que narra a vida de Jesus e que serviu para difundir sua Palavra e colher conversões.

Oração

Deus, que, pela boca de Teu bendito Filho, chamaste Mateus do banco dos cobradores de impostos para que, de publicano, se convertesse em apóstolo e evangelista, dá-nos a graça para renunciar a toda avareza e desordenado desejo de riqueza, e para seguir Jesus Cristo, Teu Filho, que em unidade com o Espírito Santo vive e reina Contigo eternamente. *Amém.*

São Vicente de Paulo

Padroeiro das obras de caridade
Dia 27 de setembro

Assessor da rainha Margarida, confessor da regente Ana da Áustria e preceptor da família dos Godi, Vicente de Paulo foi chamado ao gabinete do rei Luís XIII para dar-lhe a Unção dos Enfermos. Nasceu em 1581, em uma pequena casa rural nas proximidades da aldeia de Pouy (que, desde o século XIX, passou a chamar-se Saint Vincent de Paul em sua honra), na região de Las Landas. Nesse local construiu-se o berço de São Vicente de Paulo, muito parecido com a casa na qual ele nasceu e viveu com sua modesta família. Era o terceiro de seis irmãos, tendo que contribuir prontamente com seu trabalho para ajudar na economia doméstica. Sua inteligência levou-o a iniciar uma carreira eclesiástica: cursou estudos primários e secundários em Daxe e de Filosofia e Teologia em Toulouse. Ordenou-se muito jovem, aos 20 anos, com a intenção de ser pároco de imediato e, assim, poder ajudar a sua família.

Com 30 anos chegou a Paris, onde, por recomendação de um prestigiado amigo sacerdote, Pedro de Berulle, posteriormente cardeal, entrou em 1613 na importante casa dos senhores de Godi como preceptor das crianças dessa família e, posteriormente, diretor espiritual da senhora. Sua presença nas terras dos Godi permitiu-lhe um profundo reconhecimento das precárias condições da vida material e espiritual dos camponeses e, também, do clero paroquial que lhes atendia. Por isso dedicou sua vida à evangelização e redenção da população de camponeses e à formação de seus sacerdotes. Sua ação foi estendendo-se até incluir condenados, enfermos, pobres, crianças abandonadas, soldados feridos, escravos, anciãos desamparados, mendigos e nativos pagãos de Madagáscar. Essa foi sua vida até o amanhecer do dia 27 de setembro de 1660, quando morreu. Foi canonizado em 1737.

Oração

Oh apóstolo insigne da caridade, glorioso São Vicente de Paulo, que vivendo no mundo resististe a tudo e a todos para ganhar a Jesus Cristo, estendendo vosso zelo pela salvação do próximo e remédio de suas necessidades a todas as classes da sociedade e a toda espécie de misérias, alcança-me do divino Apóstolo de nossas almas, Jesus Cristo, seu verdadeiro espírito de caridade. Amém.

São Damião

Mártir e padroeiro dos médicos
Dia 27 de setembro

São Damião nasceu no século II, na Arábia, junto de seu irmão gêmeo Cosme, que também foi canonizado. Ambos compartilharam suas vidas e trabalharam como uma eficaz equipe evangelizadora. Bondoso e com uma extraordinária humanidade, dedicou-se a socorrer o próximo e, tal como Cosme e outros irmãos, que também constam do martirológio romano, morreu dando exemplo de fé e devoção. Estudou Ciências na Síria e chegou a ser médico muito respeitado, como seu irmão gêmeo. Depois de concluir seus estudos foi viver com Cosme em uma localidade da Sicília chamada Aegeae. Um dos feitos pelos quais são reconhecidos como grandes médicos foi a realização do transplante de uma perna. O enfermo a havia perdido e os irmãos Cosme e Damião transplantaram-lhe o membro de uma pessoa que acabara de morrer. Essa difícil operação, ocorrida há 1.800 anos, não se trata de um feito científico senão de um autêntico milagre.

Foram os primeiros cristãos capturados pelo exército de Diocleciano, o qual os lançou ao mar atados a uma pedra, mas uma grande onda devolveu-os milagrosamente à margem. Tentaram queimá-los em uma fogueira, mas as chamas atingiram tão somente os carrascos. Atiraram-lhes flechas, mas estas se desviaram. Finalmente, Diocleciano ordenou que fossem decapitados. Quando seus corpos foram levados já sem vida para a Síria, o povo ergueu uma catedral em sua honra, além de dois templos em Constantinopla e outro belíssimo em Roma. A espada com a qual suas cabeças foram cortadas está conservada como relíquia em Essen, Alemanha, e aparece no brasão dessa cidade. São atribuídas a eles numerosas curas depois de sua morte, entre elas a de Justiniano I de Constantinopla que, sofrendo de uma gravíssima enfermidade, encomendou-se a eles e foi curado.

Oração

Ao recordar hoje o triunfo de teus mártires São Cosme e São Damião, Tua Igreja, Senhor, glorifica-Te e Te dá graças porque em Tua admirável providência deste a esses santos o prêmio merecido da glória eterna e a nós, a ajuda de sua valiosa intercessão. Amém.

São Jerônimo

Padroeiro dos tradutores e dos bibliotecários
Dia 30 de setembro

São Jerônimo nasceu entre os anos 331 e 347, em Estridão, Itália. Estudou Ciências e Letras com Donato, um dos professores mais famosos. Recebeu o batismo aos 18 anos, mas suas ideias seguiam as de um mentor pagão.

Depois de passar três anos em Roma, decidiu viajar para ampliar seus conhecimentos e, ao separar-se do frívolo entorno romano, esteve vários anos no deserto dedicando-se à penitência e aos estudos. Ao regressar a Roma, o papa Dâmaso nomeou-o secretário, trabalho que realizou juntamente com a revisão latina dos Evangelhos e da Bíblia, da qual fez uma tradução para o latim conhecida como *Vulgata*. Aos 40 anos foi ordenado sacerdote, mas colocou como condição servir em reclusão monástica. Como a classe alta não apreciava os monges de clausura, acusaram-no falsamente de ter relações com sua amiga Paula. Diante dessas injúrias decidiu partir para a Terra Santa, onde passou seus últimos 35 anos de vida em uma ermida junto da gruta de Belém. Nesse local, fundou um mosteiro para homens e três para mulheres. Morreu em 420.

Oração

Oh, Senhor, Deus da verdade, que a Palavra seja uma luz em nosso caminho. Damos graças por Teu amado servo Jerônimo, a quem seguimos os passos no trabalho de traduzir as Santas Escrituras na linguagem do povo. Rogamos ao Espírito Santo para que nos ilumine quando lemos a Santa Escritura, e que Cristo, a Palavra viva, nos transforme segundo a Tua vontade. Por Jesus Cristo, nosso Senhor, que vive e reina para sempre e pelos séculos dos séculos. Amém.

Santa Teresinha do Menino Jesus

Doutora da Igreja e padroeira das missões católicas
Dia 1º de outubro

Santa Teresinha do Menino Jesus nasceu em 2 de janeiro de 1873, em Alençon, França, com o nome de Maria Francisca Teresa Martin Guerin. Era a caçula de cinco irmãs e todas foram religiosas. Ao receber a Primeira Comunhão em 1884, sua irmã mais velha, Maria, já havia ingressado no mosteiro do Carmelo de Lisieux. Teresa expressou seus desejos de converter-se em religiosa, desejando retirar-se para o deserto para orar, e nesse mesmo mês consagrou-se a Maria e se confirmou. Aos 14 anos convenceu seu pai a peregrinar até Roma e visitar o papa Leão XIII. Diante do pontífice atreveu-se a romper o protocolo e pediu-lhe permissão para ingressar no Carmelo aos 15 anos. Apesar de sua juventude o papa não se opôs, de tal modo que a jovem alcançou a permissão da madre superiora do Carmelo. A 9 de agosto de 1888, converteu-se na noviça mais jovem do convento. Submeteu-se à dura regra e nunca se amparou na pouca idade para evitar as severas penitências. Levou uma vida de oração e penitência acompanhada de episódios de enfermidades. Proclamava que o "caminho" que conduz à Glória de Deus realiza-se com os simples atos da vida levados a cabo com muito amor.

Em junho de 1897, Teresa caiu gravemente doente. Suas irmãs, também carmelitas, tomaram nota de suas declarações, entre as quais vale a pena citar: "Depois de minha morte derramarei uma chuva de rosas", "Passarei meu Céu fazendo o bem sobre a terra" e "Meu caminho é o caminho da infância espiritual, o caminho da confiança e da entrega absoluta", frase que descreve a sua doutrina. Sua frase "Quisera ser missionária agora e sempre e em todas as missões" levou-a a ser proclamada padroeira das missões. Morreu a 30 de setembro de 1897, aos 24 anos, e imediatamente começaram seus milagres, que destacam a chuva de rosas prometida.

Oração

Pai celestial, por meio de Santa Teresinha do Menino Jesus,
Tu recordaste ao mundo o amor misericordioso que enche Teu Coração
e o desejo de que ponhamos nele nossa confiança, a exemplo da confiança
dos filhos em seus pais. Humildemente Te damos graças por
coroar de tanta glória a Tua filha Teresa, sempre fiel. Amém.

São Francisco de Assis

Fundador da Ordem Franciscana
e patrono dos veterinários e ecologistas
Dia 4 de outubro

São Francisco nasceu em Assis, Itália, em 1182. Filho de um próspero comerciante; ao completar os 16 anos, foi chamado para defender o Pontificado dos germanos. Mas, durante a batalha, sentiu que deveria regressar a Assis.

Comovido pelo sofrimento alheio, começou a pegar os bens de seu pai para oferecê-los às igrejas necessitadas; mas sua generosidade foi logo castigada, uma vez que seu pai o levou a juízo. Francisco devolveu os bens, despojou-se de suas vestes e abandonou a casa paterna. Reconstruiu igrejas pobres e iniciou sua tarefa de evangelizar. Em 1208, uma voz lhe recitou uma máxima do Evangelho que aconselhava uma vida austera. Francisco compreendeu, então, seu destino e atraiu um grupo de missionários.

Em 1209, peregrinou a Roma com seus irmãos para pedir a aprovação da irmandade. O papa aceitou verbalmente uma regra segundo a qual Francisco e seus discípulos se guiariam nos primeiros anos de existência. Assim fundou-se a primeira ordem franciscana, a Ordem dos Frades Menores. A segunda ordem nasceu, em 1212, da iniciação de Santa Clara, que acolheu a regra dos Irmãos Menores e fundou a Ordem das Clarissas. Passado um tempo, São Francisco abandonou Assis para pregar no Oriente. Ao regressar escreveu uma regra que acolhia os seculares que desejavam praticar a pobreza. Dessa maneira, surgiu a terceira ordem franciscana: a Ordem Secular.

A partir de 1224, instalou-se no monte Alverne para jejuar e orar na solidão. Nesse local experimentou êxtases e estigmas da Paixão e, como as feridas não se cicatrizavam, seus irmãos levaram-no à Porciúncula, onde faleceu a 3 de outubro de 1226.

Oração

Senhor, fazei-me instrumento de vossa paz. Onde houver ódio, que eu leve o amor; onde houver ofensa, que eu leve o perdão; onde houver discórdia, que eu leve união; onde houver dúvida, que eu leve a fé; onde houver desespero, que eu leve a esperança; onde houver trevas, que eu leve a luz; onde houver tristeza, que eu leve a alegria. Concedei que eu não busque ser consolado, senão consolar. Que o Senhor Vos abençoe São Francisco.
Amém.

São Bruno

Fundador dos Cartuxos

Dia 6 de outubro

São Bruno nasceu em Colônia, Alemanha, em 1030. Destacou-se por sua capacidade de compreensão e sua devoção aos assuntos de Deus. Antes de completar os 20 anos, já se ordenara sacerdote e lecionava aulas de Teologia na Universidade de Reims. Foi escolhido pelo arcebispo para tornar-se seu secretário. Depois da morte do arcebispo a sé foi ocupada por um homem imoral e Bruno denunciou-o ao Pontificado. O papa, ante a valentia do jovem, ofereceu-lhe a sé episcopal, mas Bruno, dando provas de sua humildade, preferiu seguir com suas tarefas. A profundidade com que conduziu seus estudos provocou-lhe dilemas espirituais e decidiu por afastar-se, deixando para trás as riquezas e os seguidores. Instalou-se em um mosteiro de São Roberto, em Molesmes, cidade da Borgonha francesa, mas considerou que as regras eram muito numerosas e complicadas. O que o santo desejava era simplesmente submeter-se silenciosamente à oração.

O arcebispo São Hugo sonhou com sete estrelas a guiá-lo por um bosque iluminado por um farol. No dia seguinte, Bruno e seis monges que o seguiam se apresentaram diante de São Hugo pedindo-lhe que lhes indicasse um lugar onde retirar-se para fazer oração e penitência. O arcebispo, que identificou os religiosos com o farol e as estrelas de seu sonho, levou-os a um bosque do vale alpino de Cartusia, onde Bruno e seus companheiros construíram o primeiro mosteiro cartuxo com a regra monástica de penitência, contemplação e silêncio.

O papa Urbano II chamou-o para servi-lo como diácono em Roma. Nessa cidade, o conde Rogelio presenteou o santo com uma propriedade com a qual Bruno fundou seu segundo mosteiro. Faleceu em 6 de outubro de 1101.

Oração

"Alegrai-vos porque fostes apartados de muitos e diversos perigos e naufrágios que existem no mundo flutuante. Alegrai-vos porque fostes levados para a parte mais segura e tranquila do porto mais escondido, no qual muitos desejam chegar e, para tanto, também se esforçam, mas não conseguem."

(São Bruno aos seus monges cartuxos)

Santa Taís

Penitente
Dia 8 de outubro

Santa Taís nasceu no Egito no século IV, no seio de uma família gananciosa. Com poucos anos converteu-se na mais popular e rica das cortesãs. Sua fama se estendeu até o deserto da Tebaida, onde residiam alguns monges eremitas, que proibiram seu nome ser pronunciado. Nesse mosteiro vivia um monge apelidado Simão, o Louco, encarregado de levar as frutas e as verduras ao mercado. Um dia, estando lá, cruzou com a cortesã e pôde observar sua atitude descarada e seus luxuosos ornamentos. O monge ficou impressionado e começou a sonhar todas as noites com Taís. Desesperado, Simão recorreu a seus superiores e eles, um depois do outro, impuseram-lhe penitências e orações até que, um dia, Simão ficou doente. Depois de ser exorcizado, deixaram-lhe seguir sua rotina, mas o monge tomou a decisão de destruir Taís.

Foi para o mercado disfarçado de cavaleiro e a cortesã levou-o até sua alcova. Chegando lá o monge começou a falar de Deus, e Taís compreendeu que Deus a amava. Simão levou-a ao oásis de Ancara e a deixou sob os cuidados da Grande Virgem Emma, para que a mantivesse no centro de virgens orantes que dirigia. Foi proibida de orar, para que não contaminasse o nome divino, e lhe ordenaram fazer dez prostrações diárias repetindo: "Tu que me criaste, tem piedade de mim".

Passado um ano, o monge teve a revelação de que o espírito da perversidade abandonara o corpo de Taís. Quando Simão lhe comunicou sua iminente liberdade, Taís negou-se a sair. O monge ofereceu-se para ensinar-lhe novas orações, mas ela disse que sua frase era suficiente para chegar a Deus e que, desde quando ele lhe falara, já não tinha mais voz. Taís continuou reclusa por mais dois anos e veio a falecer duas semanas depois de abandonar sua cela e unir-se a suas companheiras.

Oração

Senhor, Tu que puseste o homem de boa-fé no caminho da pecadora Taís e, assim, salvou-a de cair na tentação e libertou-a do mal, por favor, põe em meu caminho pessoas de boa-fé para que me guiem na vida que me deste e não a utilize mal. Senhor, por favor, ajuda-me a ser um bom cristão, uma boa pessoa, e que eu saiba identificar os perigos ocultos. Rogo-Te Senhor. Amém.

São Lucas

Padroeiro dos pintores e dos médicos
Dia 18 de outubro

São Lucas nasceu em Antioquia, antiga capital da Síria Romana, hoje Turquia. Instruiu-se em Medicina e chegou a dominar o grego e a cultura helênica. Quando o apóstolo São Paulo entrou em Antioquia para converter os pagãos, Lucas aproximou-se de sua igreja e, depois de ouvir o apóstolo pregar, abraçou a fé cristã. Como São Paulo era um homem doente e Lucas um excelente médico, o apóstolo convidou-o para que o acompanhasse em sua missão evangelizadora. Lucas aceitou e, desde então, foi seu companheiro até o dia da morte de Paulo em Roma.

Viajou com São Paulo para diversas regiões como Trôade, Fenícia e Jerusalém, e conheceu outros evangelistas e apóstolos, inclusive, a Virgem Maria, que lhe contou em Éfeso, detalhadamente, a vida de Jesus. É atribuída ao santo a autoria do terceiro Evangelho, que leva seu nome e do livro dos Atos dos Apóstolos. Acredita-se que esses livros foram escritos enquanto São Paulo se encontrava em Roma. Segundo algumas fontes, Lucas faleceu depois de ser martirizado e, segundo outras, devido a causas naturais, em Acaia. Suas relíquias encontram-se em Pádua, Itália, na basílica de Santa Justina.

Oração

Oh Deus, que curas as enfermidades de Teu povo e que chamaste Lucas, o médico amado, para que fosse um dos evangelistas, concede-nos que, na saudável doutrina de Tua Palavra transmitida por ele, nossas almas encontrem medicina eficaz para todas as nossos doenças. Por Jesus Cristo, nosso Senhor. Amém.

Santa Úrsula

Virgem e mártir
Dia 21 de outubro

Santa Úrsula nasceu no antigo reino da Cornualha, Inglaterra, e era filha de Dionotus, o rei cristão que governava essas terras. O imperador Maximiano conquistara parte dos povos da Bretanha e os cedera ao príncipe bretão Conanus Meriadocus, que pediu a Dionotus um grupo de damas formado por sua filha e onze mil virgens nobres para cumprir essa tarefa. O rei da Cornualha embarcou-as rumo a Bretanha, mas os ventos desviaram o barco até a costa norte da Germânia, região ocupada pelos hunos, os quais decidiram submetê-las. Como elas se negaram a satisfazer suas expectativas selvagens, mataram-nas sem piedade alguma.

Outras lendas situam-na em uma perseguição aos cristãos do Oriente, alterando o número de virgens que a acompanhavam. Todas as versões surgiram depois do século IX e se basearam em uma inscrição talhada em uma pedra de Colônia, escrita em um latim confuso. Esse texto somente demonstra que houve um grupo de virgens que morreram martirizadas em algum lugar de Colônia, no qual foi encontrada a pedra e onde, posteriormente, foi erguida a basílica entre os séculos III e V.

O martirológio, os calendários e outros textos litúrgicos do século IX trazem o nome de Úrsula como virgem e mártir de Colônia, às vezes junto de outros dez nomes, formando assim o número 11 que tanto aparece nas lendas das onze mil mártires. Esse texto recolhe, além do de Úrsula, os seguintes nomes: Sencia, Gregória, Pinnosa, Martha, Saula, Brítula, Saturnina, Rabacia, Saturia e Paladia.

Em 1535, Santa Ângela de Merici fundou a Ordem das Ursulinas, uma comunidade religiosa para meninas, tendo como padroeira Santa Úrsula.

Oração

Senhor, nosso Deus, concede-nos a graça de celebrar as vitórias de Santa Úrsula e suas companheiras mártires com devoção, a fim de que, se não pudermos render-lhes todas as honras que merecem, pelo menos lhes possamos apresentar nossas humildes homenagens. Por nosso Senhor Jesus Cristo. Amém..

São Judas Tadeu

Patrono das causas impossíveis
Dia 28 de outubro

Judas Tadeu nasceu em Caná, na Galileia, no ano 1 da era cristã. Também é conhecido pelo nome de Judas de São Tiago ou Tadeu. Judas significa "ciumento de Deus" e Tadeu, "valente, de peito robusto". Era irmão de São Tiago Menor e de outros homens chamados de "irmãos de Jesus" pelos Evangelhos. Mas, em hebreu, "irmãos" significa parente direto. Seu pai se chamava Cléofas e sua mãe, Maria, parenta de Virgem Maria.

Quando Cristo começou a pregar, Judas deixou tudo para ir com Ele. Na Última Ceia, Judas perguntou a Jesus: "Por que revelas teus segredos a nós e não ao mundo?", e este lhe respondeu que eles O amavam e obedeciam às suas ordens, e que o Pai, o Filho e o Espírito Santo habitavam na alma de quem ama e obedece. Durante dez anos andou pela Mesopotâmia e retornou para participar do Concílio dos Apóstolos em Jerusalém. Pouco depois partiu para a Líbia, onde se encontrou com Simão. Pregaram juntos nessa região e logo mudaram-se para a Pérsia. Lá receberam o martírio em Suanis. Judas foi morto a machadadas e lhe cortaram a cabeça, por isso, o santo é representado com este instrumento.

O Novo Testamento contém uma epístola atribuída a ele. Nela denuncia as heresias que surgiram nessa época e previne os cristãos contra os falsos profetas. Denuncia os males que assolam o mundo, como a luxúria e a soberba, e anima os seguidores de Cristo a amar o próximo, difundir seus ensinamentos e serem pacientes. A epístola conclui com um louvor a Deus por ter oferecido Jesus em sacrifício, seu Filho bem-amado, com o fim de redimir os pecados da humanidade.

Oração

Apóstolo glorioso, São Judas Tadeu, que expandiste a verdadeira fé até as nações mais distantes, que conquistastes muitas tribos e povos para Jesus Cristo com o poder de tua santa palavra, concede-me, suplico-Te, que desde este dia eu renuncie a toda atitude pecaminosa, que eu seja preservado de todo mau pensamento e possa sempre obter tua proteção. Especialmente em todo perigo e dificuldade. Amém.

São Martinho de Porres

Religioso dominicano e patrono da paz universal
Dia 3 de novembro

Martinho de Porres nasceu em 1579, em Lima, Peru. Filho de um espanhol e uma jovem mulata, seu pai era o governador do Panamá e lhe deu uma boa educação. A instrução religiosa recebeu de sua mãe. Desde criança sentia uma grande compaixão pelos pobres, ajudava-lhe e lhes dava dinheiro. Aprendeu a ser barbeiro e chegou a interessar-se pela Medicina e Cirurgia, conhecimentos que colocou ao serviço dos necessitados. Em seu contato com os enfermos falava-lhes de Deus. Ao completar 15 anos ingressou no convento dominicano de Lima. Serviu com humildade e caridade durante dez anos e depois foi aceito como irmão da ordem. Recolhia enfermos e feridos para cuidar deles. Pouco a pouco transformou o convento em um hospital, o que provocou o protesto de outros religiosos, visto que infringia a clausura. Também curava animais feridos e ainda administrava medicamentos aos enfermos, principalmente lhes fazia recuperar a saúde com o toque de suas mãos que realizavam milagres. Certa vez, aqueles que o acompanhavam viram como ele alimentava no mesmo prato um cão, um gato e um rato.

Arrecadando dinheiro pôde fundar o Asilo da Santa Cruz para acolher vagabundos, órfãos e outros desafortunados. Seus êxtases e suas levitações ficaram famosos. Segundo inúmeros testemunhos, ele esteve em diversos lugares ao mesmo tempo. Quando aconteceu uma grande epidemia de varíola em Lima, o santo trabalhou dia e noite para ajudar enfermos e moribundos e, devido ao esforço que realizou, caiu doente e soube que sua vida se aproximava do fim. Morreu a 3 de novembro de 1639.

Oração

Senhor, Tu que disseste: "pede e recebereis", humildemente Te suplicamos que, pela intercessão de São Martinho de Porres, escutes nossas súplicas. Renova os milagres que por sua intercessão, durante sua vida, realizaste e concede-nos a graça que Te pedimos se for para o bem de nossa alma. Senhor Misericordioso, Te rogamos também que sigamos diariamente o caminho da caridade, da humildade e simplicidade, tal como o fez São Marinho de Porres.

São Carlos Borromeu

Arcebispo e padroeiro dos catequistas e seminaristas
Dia 4 de novembro

São Carlos Borromeu nasceu em 2 de outubro de 1538, em Milão, Itália. Seu pai era conde e sua mãe, Margarida de Medici, era irmã de Pio IV. Recebeu a tonsura ainda pequeno, e foi enviado a Milão para estudar Humanidades. A eleição de seu tio como papa foi decisiva, uma vez que o pontífice chamou-o para que estivesse com ele em Roma. Carlos tinha apenas 21 anos, mas seu tio não duvidou em dar-lhe o cargo da administração dos Estados, da Igreja e da Secretaria de Estado. A impressão que causava entre os embaixadores não era muito boa porque sua timidez e modéstia não eram adequadas para essas tarefas. A morte de seu irmão em 1562 levou-o a refletir e o fez dar início a uma vida mais espiritual e austera. Seu tio se viu arrastado também à contemplação, à oração e ao estudo. Tal cuidado para com os deveres religiosos colocou-o como chefe do bispado de Milão.

Atuou no III Concílio de Trento tentando conciliar e unir os católicos. Foi seu tio que iniciou e concluiu essa renovação da Igreja; apesar de não ter conseguido a união entre protestantes e católicos, ao menos alcançou uma melhora do rigor em relação aos assuntos religiosos. Com a morte de Pio IV, em 1565, e após dois anos do fechamento do Concílio, Pio V tomou posse no Pontificado e São Carlos assumiu a sede episcopal de Milão.

Em 1576, a peste arrasou a cidade e ficou conhecida como a peste de São Carlos, pois o bispo demonstrou uma heroica abnegação ao sair pelas ruas pedindo esmola sem temer o contágio da doença. Em um ato de generosa caridade, vendeu o pouco que tinha de seu patrimônio. Finalmente, cansado pelo trabalho, contraiu uma doença que acabaria rapidamente com sua vida em Milão, no ano de 1584.

Oração

Deus onipotente e misericordioso, que concedeste com vossa piedade que um anjo de ardente caridade viesse consolar vosso bem-aventurado servo São Carlos Borromeu, a quem edificaste com grandes virtudes para ser o modelo dos prelados na Igreja de Milão e honra do episcopado. Amém.

São Diogo de Alcalá

Padroeiro dos franciscanos leigos
Dia 13 de novembro

São Diogo de Alcalá nasceu no século XIV, em São Nicolau do Porto, ao norte de Sevilha, Espanha. Desde muito jovem consagrou-se a Deus como eremita na capela de São Nicolau do Porto e, depois, entrou na ermida de Albaida del Aljarafe, também em Sevilha. Logo foi transferido para o convento de São Francisco de Arruzafa em Córdoba, como leigo na Ordem dos Franciscanos Menores da Observância. Os frades o enviaram em missão evangelizadora para as Ilhas Canárias. Peregrinou a Roma com outros frades para assistir ao jubileu de 1450. Após sua chegada, a cidade sofreu uma epidemia, e improvisaram um hospital dentro de um convento. Frei Diogo encarregou-se da direção e, a partir daí, nasceu a sua fama, realizando muitas curas milagrosas. Em certa ocasião, um menino ficou preso em um forno não notaram sua presença quando o acenderam. Quando São Diogo conseguiu tirá-lo, o pequeno estava completamente ileso. O milagre, segundo frei Diogo, deveu-se a Virgem Maria.

Seus últimos anos se passaram na Espanha. Mudou-se para o convento de Santa Maria de Jesus de Alcalá de Henares, em Madri, onde permaneceu até o seu falecimento em 1456. Seu corpo não sofreu o rigor mortis e aqueles que o velaram deram conta de que exalava uma milagrosa fragrância. Enrique IV de Castela visitou os seus restos mortais para pedir a cura de Joana a Beltraneja. Esse último milagre foi decisivo para que o franciscano fosse canonizado e imortalizado pela pluma de Lopes da Vega. Sua canonização ocorreu em 1588, sendo a única realizada no século XVI. Usou o nome de Frei Diogo de São Nicolau, e com ele está registrado na bula de canonização embora no santoral romano apareça com o nome de São Diogo de Alcalá.

Oração

Deus eterno e todo-poderoso, que, por disposição admirável, escolheis o que há de fraco no mundo para confundir o que é forte, concedei-nos, na Vossa bondade, imitar na terra a humildade de São Diogo, para sermos elevados à glória eterna. Por nosso Senhor Jesus Cristo, Vosso Filho, na unidade do Espírito Santo. Amém.

São Leandro

Arcebispo
Dia 13 de novembro

São Leandro nasceu por volta do ano 555, em Cartagena, Espanha. Era o mais velho de quatro irmãos: Fulgêncio, Isidoro e Florentina, todos canonizados como ele e conhecidos como os Quatro Santos de Cartagena. Fugindo da ocupação bizantina, sua família instalou-se em Sevilha, onde Leandro ingressou ainda jovem em um mosteiro. Depois do falecimento de seu pai, encarregou-se da educação de seus irmãos e ingressou no mosteiro, dedicando-se a lutar contra a heresia ariana. Entrou no arcebispado de Sevilha em 584, antes que Leovigildo, rei visigodo ariano, tomasse a cidade. Seu caráter firme e aprimorado levou-o sede à episcopal sevilhana na qual conduziu a luta contra Leovigildo. Sevilha passou a ser governada por um dos filhos do rei, Hermenegildo, casado com a cristã Ingunda. Ela levou-o diante de São Leandro para trabalhar por sua conversão e Hermenegildo recebeu o batismo. Quando Leovigildo inteirou-se da conversão de seu filho ao cristianismo, sentiu-se traído e iniciou uma guerra civil na qual desterrou e assassinou Hermenegildo. Vendo no bispo Leandro o culpado pela conversão do jovem, desterrou-o também. Leandro seguiu atuando contra a heresia desde seu desterro até que, finalmente, Leovigildo permitiu a todos os bispos católicos a entrada em seu reino. Com sua chegada produziu-se uma conversão massiva entre os visigodos.

Leovigildo morreu em 585 e o reinado visigodo passou às mãos de seu filho Recaredo. Pouco depois, celebrou-se o III Concílio de Toledo, e Recaredo converteu-se ao cristianismo, como ocorrera a seu irmão falecido, isso graças também à influência de São Leandro. O I Concílio de Sevilha, convocado e presidido pelo próprio Leandro, foi o centro da restauração visigoda. O santo faleceu em 598, em Sevilha. Seu irmão, São Isidoro de Sevilha, continuou seu trabalho.

Oração

São Leandro, fiel seguidor de Jesus, incansável mestre, com tua palavra e com tua vida, te peço por minha família: que não nos falte união, que nossos filhos sejam criados com a tranquilidade de saber que lhes queremos bem, que saibamos cuidar-lhes com todo o carinho e que não lhes falte a saúde e o trabalho. Por favor, que sejamos incansáveis no trabalho apostólico e que os mais necessitados nos encontrem sempre juntos deles. Amém.

São Alberto Magno

Doutor da Igreja e padroeiro dos estudantes de Ciências Naturais
Dia 15 de novembro

Alberto Magno nasceu em 1206 na Baviera. Entre os poucos dados conhecidos sobre sua juventude sabe-se que estudou desde os 16 anos em Pádua, Itália, onde vivia seu tio. Tomou o hábito dominicano e dedicou-se ao estudo da filosofia aristotélica. Quando seu pai soube que pertencia à Ordem dos Frades Mendicantes enfureceu-se e ameaçou tirá-lo de lá à força. Para protegê-lo, os superiores enviaram o santo em segredo a outro convento, provavelmente em Colônia.

Alberto obteve o grau de professor na Universidade de Paris. Suas aulas atraíram tanto o público estudantil que teve de que realizá-las na praça parisiense que hoje leva seu nome: Maubert. Abandonou Paris quando foi chamado à Alemanha por seu superior provincial. Realizou o percurso a pé, mendigando para hospedar-se e comer até alcançar o destino.

Foi nomeado reitor da Universidade Dominicana de Colônia, em que teve entre seus discípulos o brilhante Santo Tomás de Aquino. Destacou-se na Física, Geografia, Astronomia, Mineralogia, Alquimia e Biologia. Foi o descobridor do arsênio e também demonstrou que a Terra era redonda. Mas seu maior mérito foi a demonstração da utilidade da filosofia aristotélica para ordenar a Teologia. Desde então, os homens da ciência moderaram sua incredulidade ante a fé cristã.

Em 1274, foi nomeado bispo de Ratisbona, Baviera, e regressou ao convento de Wurzburgo para continuar, mais tarde, seus ensinamentos em Colônia. Previu a morte de seu discípulo, Santo Tomás de Aquino, em Paris, e defendeu sua doutrina, que coincidia em muitos aspectos com a própria. Faleceu em 15 de novembro de 1280.

Oração

Senhor, Tu que fizeste insigne o bispo São Alberto Magno por ter conciliado de modo admirável a ciência divina com a sabedoria humana, concede-nos aceitar de tal forma seu magistério que, por meio do progresso das Ciências cheguemos a conhecer-Te e a amar-Te mais. Por nosso Senhor Jesus Cristo. Amém.

Santa Gertrudes de Helfta

Padroeira dos místicos
Dia 16 de novembro

Santa Gertrudes de Helfta nasceu na Alemanha em 1256. Ainda que não seja totalmente certo, tudo indica que seus pais eram pobres ou que era filha ilegítima. Com 5 anos, abandoaram-na no mosteiro beneditino de Helfta, daí seu nome, ainda que seja também conhecida como Santa Gertrudes, a Grande ou Magna. Ao passar pelo noviciado estudou Teologia, Filosofia, Literatura e Música. Santa Matilde foi sua professora, mulher piedosa que a acompanhou desde seu ingresso no mosteiro. Em 1281, vivenciou sua primeira experiência mística; nela viu Jesus que lhe dizia: "Não temas, te salvarei e te libertarei (...) Volta-te para mim e minhas delícias serão para ti como o vinho". A partir desse momento deixou os estudos profanos e dedicou-se aos estudos das Santas Escrituras. Empreendeu uma vida contemplativa, plena de experiências místicas.

Escreveu, com perfeita gramática, uma obra literária revolucionária, pois sendo monja de clausura abriu os olhos de uma sociedade religiosa medieval que não deixava que as mulheres se expressassem. Traduziu textos latinos e gregos e imortalizou as experiências místicas de sua mentora, Santa Matilde, no *Livro da graça especial*. Mesmo que todos os seus escritos não tenham sobrevivido, ainda se conserva o *Arauto da bondade amorosa de Deus*, obra composta de cinco livros chamada comumente de *Revelações de Santa Gertrudes*. Todas as experiências que descreve se baseiam na figura de Cristo, especialmente no Sagrado Coração, e oferece nelas uma visão otimista da união com Deus.

Morreu em 1301 ou 1302. Sua figura passou despercebida até 1536, ano em que foi impresso o *Arauto*. Santa Gertrudes foi reconhecida como a iniciadora do culto ao Sagrado Coração de Jesus pelo papa Inocêncio.

Oração

Por Teu coração ferido, querido Senhor, traspassa o meu tão profundamente com o dardo de Teu amor que eu já não possa mais conter as coisas terrenas, senão que eu seja governado tão somente pela ação de Teu divino amor. Amém.

Santa Cecília

Virgem e mártir, patrona dos músicos
Dia 22 de novembro

Santa Cecília nasceu em Roma no século II, no seio de uma família patrícia que a educou no cristianismo e a casou com Valeriano. No dia das bodas, Cecília pôs-se a suplicar a Deus, pois não queria desposar-se com ninguém além de Cristo. Mas o enlace foi realizado e a jovem decidiu converter seu esposo ao cristianismo.

Na habitação conjugal, a jovem comunicou ao esposo que fizera o voto de virgindade e que era protegida por um anjo: "Se me respeitas ele te amará", disse, "mas se me tocares, o anjo se enfurecerá". Valeriano disse que se fosse verdade, teria que ver o anjo para respeitar sua decisão, mas Cecília advertiu-lhe que enquanto não purificasse sua alma com as águas do batismo, não poderia ver o anjo, e pediu-lhe que procurasse o bispo Urbano para acolher a Deus no batismo. Quando Valeriano regressou convertido, encontrou-se com a santa sentada junto do anjo e este rodeou o casal com uma grinalda de rosas e lírios. O jovem, surpreendido, contou o sucedido ao seu irmão Tibúrcio, que terminou por converter-se também.

Quando se iniciou a perseguição aos cristãos ordenada pelo imperador Marco Aurélio, os soldados apressaram-se em encontrar os dois irmãos. Foram condenados à morte e, com eles, morreu também um cortesão chamado Máximo, que se convertera ao cristianismo ao ver a fortaleza dos dois jovens. Cecília, que esperava por seu próprio julgamento, deu a sepultura a seu esposo. Foi condenada a morrer afogada na banheira, mas a santa, prodigiosamente, respirou debaixo d'água. A tortura seguinte foi submergi-la em água fervendo e, como também saiu ilesa, o prefeito ordenou a um soldado que a decapitasse.

Oração

Tu escolheste para Ti desde a mais tenra idade Santa Cecília. Ela Te amou, a sua família e a seus semelhantes, e com seu exemplo nos ensinou o caminho. É um farol luminoso nos extremos do mundo. Aparenta-se jovem, bela, rica de espírito e saudável. Exibe valentia, caráter e robustez de alma até o ponto de entregar sua vida. Senhor, nós queremos aprender com ela essa fé e esse valor para viver nosso cristianismo sem claudicar nunca. Pedimos-Te e rogamos, e confiamos que nunca nos abandonarás. Amém.

Santo André

Apóstolo
Dia 30 de novembro

Santo André nasceu em Betsaida, Galileia, nos inícios da era cristã. Era filho do pescador Jonas e irmão de Simão Pedro. Ambos foram discípulos de São João. Certo dia, enquanto assistia São João batizar no rio Jordão aos que queriam purificar a alma, viu Jesus, a quem não conhecia, pedir para ser batizado. O Batista exclamou ao vê-lo: "Eis o cordeiro de Deus". Tais palavras intrigaram André que, com outro dos discípulos de João, seguiu a Jesus. Ele, ao ver que o acompanhavam, lhes perguntou o que queriam e disseram que desejavam saber onde ele vivia. Jesus lhes convidou à sua morada. Permaneceram com ele duas horas, durante as quais André compreendeu que Ele era o Messias, cuja chegada havia sido tão esperada pelo povo judeu. Ao retornar a sua casa, contou o ocorrido a seu irmão. Levou-o a casa de Jesus e ele o acolheu também como discípulo. Ambos abandonaram os bens terrenos e seguiram Jesus em cada instante de sua vida.

Diz-se que foi crucificado em Patras, Acaya, onde fundou muitas igrejas e converteu ao cristianismo centenas de seus habitantes. Alguns dizem que foi pregado na cruz, outros, que foi somente atado a ela e que continuou evangelizando enquanto aguardava a morte. Outro detalhe sobre sua morte é que sua cruz não era em forma de T, como o habitual, mas cruzada, e em sua iconografia é representado com ela às costas. Por isso, esse tipo de cruz é universalmente conhecida como cruz de Santo André.

A paixão de Santo André, sua prisão, flagelação, crucificação e descida da cruz foram representadas artisticamente. Também existem muitas imagens dele com as redes em sua barca e com seu irmão São Pedro.

Oração

Senhor, Tu que chamaste o apóstolo Santo André para deixar as redes às margens do mar da Galileia para fazer dele um pescador de homens, te pedimos por sua intercessão que nos concedas sermos fiéis à vocação apostólica que recebemos em nosso batismo. Oh, Senhor, apieda-Te de nossas almas e faz florescer nelas a fé de um bom discípulo, assim como Santo André acreditou em Ti em todo momento. Por Jesus Cristo, nosso Senhor. Amém.

Santa Bárbara

Mártir, padroeira do exército e dos armadores, pirotécnicos, fundidores, mineiros, bombeiros, prisioneiros, artilheiros e agentes funerários
Dia 4 de dezembro

Nasceu em Nicomédia, Turquia, mas não se sabe a data exata. Seu pai, pagão, ao saber de sua conversão ao catolicismo, quis forçá-la a renunciar da fé. Diante do fracasso decidiu matá-la. Bárbara fugiu e refugiou-se no interior de uma rocha que se abriu milagrosamente diante dela. Acabou capturada pelos pagãos e amarrada a um cavalo, flagelada, dilacerada, queimada e várias outras atrocidades até acabar sendo decapitada. Foi seu próprio pai quem se encarregou de descer a espada para cortar sua cabeça. No instante em que a cabeça foi separada de seu corpo, um raio atingiu o verdugo que caiu fulminado sobre o corpo de sua filha.

A imagem de Santa Bárbara aparece associada ao pavão real, símbolo da ressurreição e imortalidade, também com a espada, símbolo do instrumento de seu martírio, além de um cálice, símbolo da conversão. Devido ao milagroso raio que fulminou seu verdugo foi escolhida como padroeira dos armadores, pirotécnicos, fundidores, mineiros, bombeiros, prisioneiros, artilheiros e agentes funerários.

Oração

Senhor, rogo-Te que pelos méritos de Tua querida Santa Bárbara, a quem fortaleceste com Tua Onipotência, iluminaste com Tua sabedoria e abrasaste com Teu amor, conceda-me fortaleza para resistir às tentações e para conhecer e chorar minhas culpas, para que abrasado em Teu amor possa merecer o patrocínio dessa sagrada virgem, e em especial na hora de minha morte. Amém.

Св. Вмч. Варвара

Santo Ambrósio

Bispo e mentor de Santo Agostinho
Dia 7 de dezembro

Santo Ambrósio nasceu em 340, em Treveris, Alemanha. Quando seu pai morreu, sendo ele ainda jovem, mudou-se com sua mãe para Roma e recebeu uma boa educação. O imperador Valentiniano nomeou-o advogado e levou-o para Milão. O bispo dessa cidade morreu quando de sua chegada. Alguns apoiavam a eleição de um bispo católico e outros queriam um ariano. No momento da eleição, Ambrósio apareceu no lugar e, para sua surpresa, um menino propôs seu nome como candidato. Todos pensaram que se tratava de uma escolha divina, mas Ambrósio não podia ser bispo, pois não era batizado. O imperador ordenou de imediato que o vigário lhe convertesse em cristão. O santo decidiu romper os laços que lhe uniam ao mundo, repartindo todos os seus bens entre os pobres e dando à Igreja suas propriedades.

Durante a invasão goda nos territórios romanos do Oriente, Ambrósio fundiu o ouro dos cálices para libertar os prisioneiros. O santo também é reconhecido como o primeiro enviado da Igreja para intervir em assuntos políticos: pactuou um acordo com Máximo de Treveris a favor do imperador Valentiniano II, filho da imperatriz Justina. Depois de consumado o pacto, a imperatriz, que era ariana, exigiu de São Ambrósio as Igrejas, proibiu a religião cristã e ameaçou de morte quem negasse o arianismo. Ambrósio não se intimidou e negou-se a abjurar, como exigiu a imperatriz.

À medida que o mundo romano perdia poder, o santo foi dando nova forma à sua mensagem: enriqueceu a Igreja com escritos que ditava a seu secretário de seu leito de morte.

Oração

Purifica-me de todas as minhas maldades para que eu possa receber menos indignamente Tua sagrada comunhão. Que Teu Corpo e Teu Sangue me ajudem, Senhor, a obter de Ti o perdão de meus pecados e a satisfação de minhas culpas, me livrem de meus maus pensamentos, renovem em mim os sentimentos santos, me impulsionem a cumprir a Tua vontade e me protejam de todo perigo de alma e corpo. Amém.

(Santo Ambrósio)

São João Diego

Primeiro santo indígena da história
Dia 9 de dezembro

São João Diego nasceu em 1474, no bairro mexicano de Tlayácac, povoado indígena de Cuautitlán, pertencente ao reino Texcoco, e foi batizado pelos primeiros franciscanos. Juan Diego Cuauhtlatoatzin entusiasmou-se com a nova religião. No sábado 9 de dezembro de 1531, quando se dirigia à missa, ao passar pela colina de Tepeyac, escutou o canto de um pássaro tzinitzcan anunciando-lhe que a Virgem de Guadalupe se lhe manifestaria. À hora indicada, a Virgem apresentou-se a ele, disse-lhe para comunicar ao bispo João de Zumárraga que se construísse um templo.

João Diego transmitiu a mensagem ao bispo, mas este não acreditou. A Virgem apareceu-lhe outras duas vezes e lhe disse: "Filho meu, o menor de todos, esta variedade de rosas é a prova e o sinal que levarás ao bispo".

João Diego procurou novamente o bispo e, ao abrir seu casaco para mostrar-lhe as rosas da Virgem, descobriu que a imagem da Senhora havia sido gravada no interior do casaco. A partir disso, o bispo passou a acreditar e João Diego passou o resto de seus dias cuidando da tela gravada em seu casaco, em uma ermida, vindo a falecer em 30 de maio de 1548. No dia de sua canonização, a 31 de julho de 2002, João Paulo II viajou à Cidade do México para presidir à cerimônia do primeiro santo indígena da história. Durante as primeiras décadas depois da aparição mariana na colina de Tepeyac, os indígenas chamaram a imagem da ermida de Tonantzin ("Nossa Venerável Mãezinha"), nome dado à sua antiga divindade da fertilidade, quando da chegada dos conquistadores. Mais tarde, os espanhóis mudaram esse nome para o de Guadalupe e batizaram com o mesmo nome aquele lugar.

Oração

Tu, que foste eleito por Nossa Senhora de Guadalupe como instrumento para mostrar a teu povo e ao mundo que o caminho do cristianismo é um caminho de amor, compaixão, compreensão, valores, sacrifícios, arrependimento de nossos pecados, apreço e respeito pela criação de Deus e, acima de tudo de humildade e obediência. Tu, que estás agora no Reino de nosso Senhor e próximo à nossa Mãe, sê nosso anjo e protege-nos, permaneça conosco enquanto lutamos. Amém.

Santa Lúcia

Virgem e mártir, padroeira dos cegos
Dia 13 de dezembro

Santa Lúcia nasceu em Siracusa, Sicília, em 304, no seio de uma família nobre, rica e cristã. Ficou órfã de pai e, em sua adolescência, fez voto de virgindade. Sua mãe, sem saber de sua decisão, escolheu um homem pagão para desposá-la. Lúcia suplicou-lhe que a deixasse casar-se com Jesus Cristo. Como sua mãe, chamada Eutíquia, sofria uma grave enfermidade, sua filha a convenceu a orar na tumba de Santa Águeda de Catânia. A mulher assim o fez e sarou instantaneamente. Agradecida, Eutíquia anulou o matrimônio e lhe concedeu o desejo de se consagrar a Deus. O jovem que iria desposá-la sentiu-se ofendido e denunciou Lúcia a Pascasio, em um momento quando a perseguição organizada por Diocleciano estava em pleno auge.

Primeiramente tentaram fazê-la abjurar da fé ameaçando levá-la a uma casa de prostituição. Lúcia respondeu que o corpo ficaria contaminado somente se a mente estivesse consciente. Essa frase, que provocou a admiração de Santo Tomás de Aquino, mostra sua enorme sabedoria e explica que não há pecado se não houver ação voluntária. Não puderam levar a cabo a sentença, pois, milagrosamente, os guardas não puderam movê-la do lugar. Tentaram, então, queimá-la na fogueira, mas as chamas negaram-se a machucá-la. Enfurecidos, arrancaram-lhe os olhos, mas isso não impediu que a jovem conservasse intacta sua visão. Finalmente, foi decapitada e, ainda com a garganta cortada e agonizando, seguiu animando aos fiéis para que empreendessem o caminho da fé e da virtude.

É representada levando na mão direita a palma da vitória e na esquerda um prato com seus próprios olhos.

Oração

Oh bem-aventurada e amável virgem Santa Lúcia, universalmente reconhecida pelo povo cristão como especial e poderosa advogada da visão, cheios de confiança a ti acudimos pedindo-te a graça de que a nossa vista se mantenha sã e sirva somente para a salvação de nossas almas, sem turbar jamais nossa mente com espetáculos perigosos. Amém.

Santo Estêvão

Protomártir e padroeiro do povo
Dia 26 de dezembro

Desconhece-se a data de nascimento de Santo Estêvão, o primeiro mártir da história cristã depois de Jesus Cristo. Tampouco se sabe quando ocorreu sua conversão, mas sabe-se que foi um dos diáconos ou ajudantes dos apóstolos que se encarregavam dos pobres para que eles pudessem pregar. Estêvão falava de Jesus com tanta sabedoria e eloquência que conquistava cada vez mais seguidores. Os judeus suspeitavam dele por falar bem daquele que haviam condenado. Discutiam com o santo, mas este sempre vencia, a ponto de dizerem que Deus falava por sua boca. Quando foi preso acusaram-no de haver anunciado a destruição do Templo por vontade de Jesus Cristo e que este acabaria com as leis de Moisés. O tribunal deixou-o falar, fascinado com sua retórica. Estêvão defendeu-se das acusações e recordou aos judeus sua própria história, acusando-os de se oporen aos profetas enviados de Deus e por matarem o mais santo de todos, Jesus. Os judeus encolerizaram-se ao escutar de Estêvão que podia ver o céu aberto sobre ele e o Filho sentado à direita de Deus. Seus perseguidores arrastaram-no para fora da cidade e o lapidaram.

Durante seu martírio, o santo pediu perdão ao Senhor pela conduta de seus verdugos: "Jesus, recebe meu espírito... Senhor não leve em conta esse pecado". Sua morte está datada entre 32 e 35 da Era Cristã. Saulo, que mais tarde seria conhecido como São Paulo, participou do martírio de Santo Estêvão como assistente dos verdugos. Viu como o apedrejavam e foi testemunha de sua fé.

A celebração de Santo Estêvão sempre aconteceu no dia 26 de dezembro, depois do Natal. É conhecido como o padroeiro do povo, uma vez que ofereceu sua vida para lavar os pecados da humanidade.

Oração

Senhor, que deste ao diácono Santo Estêvão um amor ardente pelo Evangelho e a valentia para proclamar que Jesus é o salvador do mundo, Te pedimos que, a seu exemplo, preguemos incansavelmente Tua palavra, sobretudo com nossas obras, para que, ao serem vistas, os homens glorifiquem o Pai que está nos Céus. Amém

ÍNDICE